Guidance for Every Child:
Teaching Young Children to Manage Conflict

有效应对幼儿挑战性行为的策略

——幼儿行为引导手册

[美] 丹 · 加特雷尔（Dan Gartrell） 著
周念丽 等 译

中国轻工业出版社

图书在版编目(CIP)数据

有效应对幼儿挑战性行为的策略：幼儿行为引导手册/（美）丹·加特雷尔（Dan Gartrell）著；周念丽等译. —北京：中国轻工业出版社，2022.2（2023.8重印）

ISBN 978-7-5184-3558-6

Ⅰ. ①有… Ⅱ. ①丹… ②周… Ⅲ. ①学前教育－教学参考资料 Ⅳ. ①G613

中国版本图书馆CIP数据核字（2021）第146628号

责任编辑：吴 红

策划编辑：吴 红　　责任终审：腾炎福

责任校对：刘志颖　　责任监印：吴维斌

出版发行：中国轻工业出版社（北京东长安街6号，邮编：100740）

印 刷：三河市鑫金马印装有限公司

经 销：各地新华书店

版 次：2023年8月第1版第2次印刷

开 本：710×1000 1/16 印张：15

字 数：140千字

书 号：ISBN 978-7-5184-3558-6 定价：52.00元

读者热线：010-65181109，65262933

发行电话：010-85119832 传真：010-85113293

网 址：http://www.chlip.com.cn http://www.wqedu.com

电子信箱：1012305542@qq.com

如发现图书残缺请拨打读者热线联系调换

200882Y1X101ZYW

译 者 序

幼儿从 2 岁到 6 岁，经历了人生第一和第二反抗高峰期。在此期间，他们不服从成人的命令而恣意妄为的情形随处可见，因尚没掌握社会交往技能而发生的攻击性行为等错误行为也时时出现。这给家长和幼儿园教师带来不少困惑，他们甚至会质疑自己为人父母或为人师表的能力。我作为专业的学前儿童心理工作者，虽也致力于解读具有挑战性行为的幼儿的心理，对一些干预方法，如应用行为分析法（Application Behavior Analysis，ABA）、系统脱敏法等耳熟能详，但在与一线幼儿园教师一起对有挑战性行为的幼儿进行实际干预时仍会有捉襟见肘之感。亟盼能有为一线幼儿园教师提供实践指导策略和真实案例的图书。

拜读丹・加特雷尔（Dan Gartrell）教授所著的《有效应对幼儿挑战性行为的策略——幼儿行为引导手册》，顿有久旱逢甘霖之感。该书阐释的“引导”（guidance），乃是让幼儿从错误行为中学习，而不是惩戒他们的错误行为。当幼儿不能够凭借自身能力解决问题而出现错误行为时，一线幼儿园教师要帮助其解决问题，而不是用惩罚来告诫他们错误有多大。该书将“引导”定义为严格而友善，而非通常认为的那样——只要幼儿出现挑战性行为，就要对他们严厉管教，甚至不惜伤害他们。作者一再强调，“引导”意味着在出现冲突时成年人要冷静地引领。唯有如此，幼儿才能从中学习到处理冲突的方法，以代替可能会出现的伤害性行为。

作者循循善诱，强调教师在运用引导策略时，要注意到他们面对的通常是幼小的孩子，他们在人生的开始阶段要学习大量较难掌握的技能，因此错误行为和冲突时常发生是十分正常的现象。一线幼儿园教师需与幼儿建立积极正面的关系，由此可以帮助幼儿学会控制压力，对自身的能力产生信任感，这种信任会一直伴随其成长。作者同时强调，成人与幼儿之间建立的安全关系是引导的基础，也是幼儿获得社会能力的基础。

该书在撰写体例和内容编排上也颇具匠心。

第一，引入大量生动的案例。鲜活生动的案例往往最能吸引读者，也令人过目难忘。作者在每个章节中都使用小故事来说明想法。书中的逸事全部来源于作者的真实经历或同事的真实记录，读起来既生动有趣，又能带给读者很多启示。

第二，确立重要的核心概念。核心概念是一本书的灵魂，对核心概念的诠释，可使读者迅速把握重点，理解文意。作者围绕四个重要而完整的概念——错误行为、三个层级的错误行为、五项民主生活技能、释放教学，来进行环环相扣的解析。

从出生到死亡，所有人类都会经历冲突，这主要体现在个体之间所产生的分歧。生活中难免有冲突，一线幼儿园教师的工作和生活也是如此。当一个人比较幸运或处于最佳状态时，就能够和平地解决冲突。但对于幼儿来说，他们是冲突管理技能的初学者，会时常出现错误判断，并表现出错误行为。

民主生活技能则体现了人们需要习得的，能够为实现现代的、复杂的、民主的社会而做出贡献的技能。作者强调了五项技能中的前两项技能是为幼儿的安全考虑，出于较为初级的动机层面工作。

释放教学则意味着永不放弃任何一个幼儿，意味着教师与幼儿、家庭和照料者一起组成一个团队，促进幼儿获得前两项民主生活技能，并为其获得后三项民主生活技能提供积极的领导。

第三，以讨论问题与核心概念相结合的方式进行全面解析。在每一章的最后，作者都提供了一些讨论问题，使一线幼儿园教师有机会进一步研究章节中提到的一些核心概念和实践行为。其中大部分问题都需要读者结合章节中所提到的观点并反思自己现实生活中的真实经历。

核心概念是每章中的特色术语。对核心概念的理解，能够帮助一线幼儿园教师解释和理解引导方法，并了解引导的策略和实践。

感谢“万千教育”编辑部吴红老师的信任，将翻译此书的重任委托给我们团队。感谢程颖（翻译第一章至第三章）、姬好（翻译第四章和第五章）、乔环环（翻译第六章和第七章）、张文文（翻译第八章和第九章）和马洁然（翻译“致谢”“导言”“附录 1”“附录 2”）在抗击新型冠状病毒肺炎疫情期间，不惮艰辛完成翻译工作。

作为全书的主译，我在认真研读原文的基础上对译文逐句斟酌，读罢顿有醍醐灌顶之感。

周念丽

2021 年 3 月 18 日于瀛星小居

致　　谢

首先，我想要感谢我的母亲——贝丝·戈夫（Beth Goff），她在70多岁的时候，出版了一部十分出色的回忆录《理解过去》（*Understanding Backwards*）；在她年近八旬的时候，国家公共广播电台在《友谊的迷失与追寻》栏目中引用了她的故事。我遗传了她良好的记忆力，使得我在她那个年纪时依然能够继续写作，并且帮助她完成后续的出版物。

我还要感谢我的妻子——朱莉·约胡姆·加特雷尔（Julie Jochum Gartrell）博士，感谢在过去30年写作生涯中她给予的陪伴和友情，以及无限帮助和理解。

我十分有幸能够拥有这样一群同事兼朋友，他们曾是期刊、图书的合作作者和编辑，以及我在《幼儿》（*Young Children*）杂志的《引导事项》（Guidance Matters）写作专栏的同事。他们曾与我分享专业知识、写作技巧和儿童早期教育的智慧，使我获益匪浅。他们是：

卡伦·凯龙（Karen Cairone）　布赖恩·纳尔逊（Brian Nelson）
莱娜·科尔（Layna Cole）　利娅·皮加蒂（Leah Pigatti）
迈克尔·加洛（Michael Gallo）　琼·赖尼克（June Reinike）
林恩·格尔克（Lynn Gerhke）　凯瑟琳·桑斯滕（Kathleen Sonsteng）
玛格丽特·金（Margaret King）

感谢他们每一个人。

感谢本书的出版商和编辑们，他们愿意接受我的出版申请，并在书稿写作、出版过程中提出了诸多宝贵建议。他们是圣智学习出版公司（Cengage

Learning）的马克·克尔（Mark Kerr）及其编辑团队，他们还同我一起完成了教材《鼓励性课堂引导法》（*A Guidance Approach for the Encouraging Classroom*）六个版本的出版工作。

全美幼教协会（National Association for the Education of Young Children, NAEYC）的德里·科拉利克（Derry Koralek）、艾米·希拉迪（Amy Shilady）、凯瑟琳·查纳（Kathleen Charner）和波利·格林伯格（Polly Greenberg）都曾给予我帮助。德里帮助我完成《幼儿》杂志《引导事项》写作专栏的工作，这项工作从2005年持续到2014年。艾米曾是我在全美幼教协会所承担的几个研究项目的成员。凯瑟琳主要负责图书出版工作，在我《为民权社会而教育》（*Education for a Civil Society*）一书的写作和出版过程中给予了大力支持和帮助。我还要特别感谢波利，1987年，他帮助我在《幼儿》杂志上发表了第一篇文章，在元旦前夜的6点钟，他还坚持工作，通过电话跟我沟通文章《严明的纪律：对儿童和其他生物都不健康》（Assertive Discipline: Unhealthy for Children and Other Living Things）的发表事宜，这篇文章最终发表在1988年3月的《幼儿》杂志上。在此次合作过程中，我感受到波利对这项工作的热爱。

我的作品一经发表，在全国专业领域内获得了极大反响。在我所生活的明尼苏达州的伯米吉（Bemidji）市，这篇文章在当地的报纸转载之后，教育行政部门立即禁止我继续在学校担任实习教师督导的职务，两位官员甚至联络了当时我所在州立大学的副校长，并试图说服其停止继续给我提供职位，但是他们没有成功。[我一直很感激杜利（Duly）博士将他们请出办公室，他也读了我的文章。希望校园里纪念杜利博士的树木能继续绽放美丽的花朵。]之前的院长离开以后，我的工作禁令被撤销，我希望那两位官员此刻也像我一样安享他们的晚年退休生活。

我要向《对话杂志》（*Exchange Magazine*）的卡萝尔·怀特（Carole

White）和她的员工表示感谢，2015年年末和2016年年初，我在他们的杂志上发表了三篇文章，前两篇文章经过进一步的修改之后，成为本书的第一章和第二章，也是整本书的基础。第三篇文章的标题曾经是我最喜欢的题目："发展适宜性STEM：是STREAM!"［STREAM是科学（Science）、技术（Technology）、关系（Relationships）、工程（Engineering）、艺术（Arts）和数学（Mathematics）的缩写——这是2014年西娅·布莱尔（Thea Blair）分享给我的专用名词。］

我也十分感激红叶出版社（Redleaf Press）的贝丝·华莱士（Beth Wallace），她是我在那里出版的第一本书《孩子今天说了什么》（*What the Kids Said Today*）的编辑，当然，我也十分感谢出版社其他与这位老教授一同耐心引导过我的工作人员。对于现在这本书的出版，我十分感谢部门经理劳丽·赫尔曼（Laurie Herrmann）、编辑卡拉·洛门（Kara Lomen）和编辑安德烈·鲁德（Andrea Rud），以及执行主编道格拉斯·施密茨（Douglas Schmitz）。我是一个速度很慢的学习者，感谢他们的包容。他们开阔的心胸和专业的工作能力都在这本书中得到了很好的体现。

感谢马克（Mark）、凯西（Kathy）、卡萝尔（Carole）和劳拉（Laura），允许我在本书中摘录和引用我之前发表过的一些内容，其中包括圣智/伍德沃斯（Cengage/Wadsworth）的部分文本、全美幼教协会的专栏文章以及在《对话杂志》上曾经发表的文章，还有撰写《孩子今天说了什么》一书时用到的一些逸事。

我在伯米吉市工作了近40年，我要向在那里从事幼儿教育工作的专业人士表达最诚挚的谢意。他们有的是我多年的同事，也有的是我之前的学生。他们同我分享了许多工作中的趣事、经历和宝贵的一线工作经验，这些都使得我的书稿写作成为可能。其中，我想特别感谢三位之前的学生，他们是在波内马（Ponemah）任教的莎伦·霍弗森（Sharon Hoverson），在伯米吉市已经退休的罗宾·巴肯（Robin Bakken）和帕特·桑福德（Pat Sanford）。我在书中所引用的许多语录直接来源于他们。

在整个明尼苏达州，红湖（Red Lake）地区开展“开端计划”（Head Start）项目较早，而西北部地区马哈比（Mahube）则开展得晚一些，感谢早期教育专业人士和那里的孩子们，他们为本书中一些引导策略的构建提供了最初的模型。

还要感谢愿意尝试使用本书中的引导策略的读者们。你们不仅是具备专业水平的教师，对于那些幼小的个体，你们是在其生命中最重要的阶段愿意与他们共同生活的人，你们的教育行为将会对他们的现在和未来产生巨大的影响。

* * *

朱莉（Julie）和我生活在一个几代同堂的大家庭中，大家庭还包括我的5个子女、11个孙子女和1个曾孙。我被家庭中的每一个成员祝福。还有一个事实，我们的家庭氛围十分融洽，快乐的事情时刻都会发生，这也是支持我坚持写作和做一切事情的动力与根源。

丹·加特雷尔（Dan Gartrell）

于明尼苏达州伯米吉市

目　录

导　言

在近50年的工作生涯中，我去过许多婴幼儿早期教育机构、学前班、幼儿园、小学和拥有早期教育专业的大学。我曾经是教师、数据分析师（Certified Data Analyst，CDA）培训师、大学教授、实习教师和教学督导，也曾经是教育咨询师。我观察过不计其数的师幼互动案例，并惊叹于其中所体现出的人性关怀。本书所展现的是一些发生在儿童早期教育环境中的积极互动案例，以及与其密切相关的师幼关系和教育实践。从我到位于明尼苏达州北部地区红湖附近的奥吉布瓦族（Ojibwe）人居住地执教“开端计划”项目的第一年开始，那些令人记忆犹新的故事就足以印证我想表达的观点：

在我执教“开端计划”项目的几周后，我发现一个名叫吉米（Jimmy）的小男孩每天来到学校后都要寻找老师，并上前在老师的腿上踢一脚。他的老师苏（Sue）是一位刚入职的新教师，她已经尝试了自己能够想到的、在书本上看到的所有课堂管理策略，然而都无济于事。这样的行为继续重复了几天之后，苏想要尝试联系他的家长，因为同事们告诉她，吉米表现出这样的行为，有可能是因为他在家中曾经受到过严厉的体罚。然而，经过一番深思熟虑之后，她并没有那样做，而是在一个周四的早晨，当吉米刚走进教室时，就对他说：“吉米，很高兴今天能够在学校看到你！”她慢慢地蹲下来，给了吉米一个大大的拥抱。苏在周五继续重复这样的策略。之后的周一，当吉米早上来到教室之后，他马上寻找苏，朝她挥手，说：“老师，我在这里！”四年后的某一天，苏收到了吉米和他妈妈寄来的圣诞卡片，她把卡片的内容给我看："老师您好，圣诞快乐！不知道您还记得我吗？我一直记得您！"

处境不利的儿童

根据我的个人经验，在目前的儿童早期教育机构中，教师能够与班上80%的儿童建立较为融洽的关系［80%这个数字也正好等同于美国每年能够顺利完成高中学业的学生人数比率（US Department of Education，2015）］。卡伦·凯龙（Karen Cairone，2016）指出，在正常环境下，一个班级中"容易被人喜欢"的儿童比率高达95%，但在一些较为贫困的国家和地区，这个比率会降至40%［2014年美国黑人男性高中毕业的比率仅为40%（Schott Foundation for Public Education，2015）］。这80%或者40%的学生基本可以达到（书面和非书面）课堂行为和表现的预期标准，但是剩下的20%或者60%的人，则需要教师尝试消耗更多的个人资源。

由于他们的非典型行为、活动水平和学习风格，在正常的学习环境下，这些儿童不容易被成人接纳，即使不是公开被拒绝，也处于较为边缘的位置。如果他们的行为总是被教师批评、纠正或获得较为消极的回应，那么班级中的其他成员出于安全及尊重教师评价的考虑，就都会远离他们（Ladd，2006）。

在儿童早期教育项目中，被拒绝是存在于儿童中的一个较为严重的问题。2005年、2006年和2012年国家提供的研究数据显示：学前期（3—4岁）儿童的开除率比K—12阶段要高出许多。吉列姆（Gilliam）的研究显示，学前阶段被开除的儿童中，有四分之一是男孩，大多数属于年龄在36个月以上的有色人种（Gilliam，2005；Gilliam & Shahar，2006）。在学前阶段，那些被拒绝的儿童更容易出现较低的学业成就（Ladd，2006），而这些或许只是他们学业生涯的开始，他们中的大多数儿童会提前结束学校生涯，少数会继续忍受不愉快的学校生活（Ettekal & Ladd，2015）。60% 的美国黑人男性不能高中毕业，我认为这能够在某种程度上证明班级中的被拒绝现象和教育失败模式的存在，而这些模式通常开始于教育的早期。

引导，而非纪律

在传统文化中，课堂纪律更容易被理解为惩罚的概念。在很多早期教育项目中，成人无法摈弃数百年来根深蒂固的观念，力图将儿童塑造成为“好人”。对于年幼的儿童来说，**惩罚**（punishment）使得他们经受痛苦，承受自身行为的后果，然而这样的痛苦于事无补（Copple & Bredekamp，2009）。

脑科学研究表明，在课堂面临冲突时，儿童会产生较大的精神压力，会释放毒素，进而无法控制自己的行为（Shonko & Garner，2011）。为了保护自己，释放压力，他们会继续产生错误的行为回应方式。在面对冲突时，他们的肾上腺素急骤上升，惩罚丝毫不会缓解压力。即使让其坐在椅子上反思（一种较为古老的惩戒方式），他们也不会去思考：“我要怎样才能成为好孩子？”因为他们认为自己早已被教师排除在群体之外了。而后，他们会变得更加激动，甚至感到：“老师不喜欢我，我不知道该怎么表现好，我是一个没有价值的人，我不喜欢待在这里。”冈纳、赫雷拉和霍斯蒂纳尔（Gunnar，Herrera，& Hostinar，2009）基于大数据研究，提出了循环模式：

- 感受到难以控制的压力；
- 应对压力的方式是制造冲突；
- 导致惩罚或者被拒绝；
- 导致自我贬损和持续的压力。

研究者还发现，这种**压力—对抗循环**（stress-rejection cycle）会对年轻人产生较为持久的不良影响。

值得注意的是，全美幼教协会（NAEYC）最新版本的《0—8 岁儿童发展适宜性教育》（*Developmentally Appropriate Practice in Early Childhood Programs Serving Children from Birth through Age 8*[1]，Copple & Bredekamp，2009）中，已经很少使用“**纪律**”（discipline）一词了。在这部神圣的作品中，各年龄段的教育都用的是“**引导**”（guidance）一词，引导更加关注儿童的情绪健康和社会性发展，在日常工作中我对“引导”的理解是：引导儿童从错误行为中学习，而不是惩戒他们的错误行为。当儿童不能够凭借自身能力解决问题而出现错误行为时，我们要帮助其解决问题，而不是用惩罚来告诫他们错误有多大。引导有时是为了避免教室里的伤害，所以有时需要严格，但引导意味着严格而友善，并不是严格和伤害。

还有一点十分重要，教师在运用引导策略时要注意到，他们面对的通常是幼小的孩子。像吉米那样的 3 岁儿童，他们的生活经验还不到 48 个月。他们在人生的开始阶段要学习大量较难掌握的技能，因此对于年幼的儿童来说，错误行为和冲突时常发生，是十分正常的现象。成人与儿童之间积极正面的关系，可以帮助儿童学会控制压力，对自身的能力产生信任感，这种信任会一直伴随其成长。成人与儿童之间较为安全的关系是“引导”的基础，也是儿童社会能力获得的基础。

请注意，我在这里提到社会技能别无他意，只是想在我的书中强调一个 20 世纪心理学界普遍认可的概念，儿童只有在情感上认可一件事情是对的，才能去思考如何做对这件事情（Ginott，1993）。因此，在引导的过程中，我们要先确保他们具有健康的情绪，接纳他人的前提是首先学会接纳自己。

---

[1] 第三版的中文版《0—8 岁儿童发展适宜性教育》已于 2021 年 7 月在中国轻工业出版社出版。——译者注

引导和发展适宜性教育实践

对我而言，**发展适宜性教育实践**（developmentally appropriate practice，DAP）意味着要根据每个儿童的内在发展动力，对其加以引导，使其外在行为与内在发展相协调。当下的早期教育工作者会明显感受到一种矛盾：一方面要坚持发展适宜性教育；另一方面，要符合传统的学校社会化要求，帮助儿童为获得学业成就和符合社会期望做好充分准备。幼儿园教师每天面对的是一群精力充沛的儿童，他们就像动力十足的小动物一样，要通过运动、身体探索和同伴交往来学习。与此同时，教师们感受到无限压力，他们要让这些活泼好动的儿童安静地坐在座位上，听从指令，通过纸和笔进行活动，而久坐不动完全是他们在下一个年龄阶段才能达到的水平。有没有觉得这句话听起来很熟悉？用我的一位同事，同时也是幼儿园教师的帕特·桑福德（Pat Sanford）的话来说："为下一阶段做准备不是我的工作，我的工作是尽最大可能让他们体验最棒的幼儿园生活。"

最好的早期教育，可以理解为帮助儿童更好地适应当下的生活，这基于成人和儿童之间良好关系的建立。与常见的观点相反，我认为幼儿园教师不需要去爱他们所教的每一个儿童，但是，就专业素养来说，他们要与每个儿童建立积极正面的关系。维奥拉（Viola）的故事能够展现专业教师如何与儿童建立积极的人际关系。

在明尼苏达州西北部城镇的一条主要街道上，经验丰富的幼儿园教师维奥拉正朝她的车走去。听到"维奥拉，维奥拉"的声音，她回头看，一个年轻女孩微笑着走过来，对她说："我叫南希·彼得森（Nancy Peterson），您可能不记得我了，您曾经是我学前班的老师。从那以后，我一直想成为一名教师。我现在就读于北达科他大学（University of North Dakota）早期教育专业，我只想对您说声‘谢谢’。”维奥拉和南希友好地交谈了几句，也许维奥拉还抹去了眼角的一滴泪。两人分开后，维奥拉坐进了自己的车，她突然想起了南希：“是那个孩子吗？”南希当年是一个精力充沛、十分独立的女孩，每天她都会挑战维奥拉，有时甚至让维奥拉感到崩溃。但是维奥拉从未意识到，自己已经与这个女孩建立了如此深厚的感情。

与儿童建立**积极正面的关系**（proactive positive relationships）的动力，源于教师想要了解每个儿童独特的行为模式和学习方式，并以此为依据来调适自己的教育行为。发展适宜性教育项目何以成功？以我的观点来看，就是要适应群体中每个儿童的发展。依照我的经验，那些较为成功的发展适宜性教育项目看起来就像一个好的暑期夏令营，成人积极地为儿童营造环境，让他们感觉不到任何学业压力和强制性的行为标准。相反，在这样的环境中，教师更容易与儿童建立良好的关系，回应他们的需求，营造良好的氛围，从而促进儿童的全面发展。其中的课程应当是生成式的，而非完全由成人预设的；教师应当成为专业的引导者，而非技术人员。专业的教师十分关注儿童的进步和变化，他们的评估基于真实的情境，不带有任何攻击性，也不会产生不合时宜的教育内容和教育方式。

关 于 本 书

本书各章中的主题，均围绕与班级中的每个幼儿建立积极正面的关系来展开。我会经常使用简短的写作形式来呈现内容，如小文章、专栏、百科全书内容摘录等。我希望每一个章节都能够自行成文。我的意思是，每一章都以前面章节所谈到的内容开头，并以全新的视角重新介绍这些信息。为了确保该方法可行，在每一章的末尾，读者应清楚地了解这个章节中所提到的早期教育实践的特定引导方法。

另外，读者应该知道这本书是基于我在全美幼教协会（NAEYC）多年的写作成果基础上重新编写的教材。在此期间，我一直十分关注如何基于积极的师幼关系来帮助儿童学习处理冲突、管理行为。如果你愿意，我们可以将本书定义为对我个人以往的工作所进行的回顾，将我曾经提出的一些重要观点集中在一起来进行清晰的概述。对于新读者，我希望这些想法对你产生意义。对于我的老读者，希望你能够对这本书中所提到的重要概念有更深刻的认识，而不仅仅认为它是老派教授在继续传播一个老的思想。我的命运掌握在你手中。

逸事

正如《幼儿》杂志《引导事项》专栏的读者所了解的，我习惯使用小故事来说明我的想法。逸事能够使我的想法变得生动。本书中的逸事全部来源于我的真实经历或同事的真实记录。我会不时更改姓名或添加细节以阐明观点，但所有的事件都是真实发生过的。此外，每一章都会大量提及其他学者的研究成果，我努力将我要讨论的概念与本领域中学界公认的核心思想联系起来。人们有时会联系我，和我分享他们的故事，我很高兴，正如他们所描述的，我会把一些好的故事放在我的电子笔记本中，以备将来使用。“虽然故事的篇幅都很短，但它们是本书重要的组成部分。”

友善的幽默

在学生时代，你可能目睹过教师使用反讽式的幽默来描述学生在一个群体中的位置，学生的窘迫随处可见，教师则以此来控制学生的行为和教学情境。**友善的幽默**（friendly humor）则不同，它是与儿童一起开怀大笑，而不是嘲笑他们。儿童说出意想不到的和令人着迷的话是一件好事，即使他们说的话可能不适合成人的生活。当一个儿童说出有趣的语言时，教师可以微笑着说："魔咒！"而当一个处在冲突中的儿童被要求使用语言来解决问题时，她会惊呼："我无话可说！"当然，当教师描述外面的猫和狗站在雨后的门前时，如果模仿它们的叫声，儿童就会说："还有大象！"示范和支持儿童使用友善的幽默可以唤醒他们潜在的幽默感，我认为每个儿童都充满幽默感，这是他们的重要天赋，并能够成为持续一生的力量。

在本书中，我并不总是使用友善的幽默这种引导策略，但要注意，应当以合理的方式使用幽默。友善的幽默能够照亮儿童的生活，减轻其压力、紧张，使其放松注意、缓解疲劳，它就像是教师在对儿童实施行为引导时添加的一勺蜂蜜。如果你在儿童面前不能经常微笑，我建议你考虑换一个新职业，比如信息技术（Internet Technology，IT）。谨记，如果儿童的行为完全符合你的期望，那就会出问题。所以，如果你对儿童微笑并享受与他们在一起的时光，那么他们就会喜欢跟你在一起。

构建关键引导

除了提出一些引导策略，在接下来的几个章节，我会提到四个重要而完整的引导概念：错误行为，三个层级的错误行为，五项民主生活技能，释放教学。

错误行为。从出生到死亡，所有人类都会经历**冲突**（conflicts），这主要体现在个体之间所产生的分歧。生活充满冲突，冲突是我们生活的重要组成部分。当一个人比较幸运或处于最佳状态时，就能够和平解决冲突。但对于儿童来说，他们是冲突管理技能的初学者，会时常出现错误的判断并表现出错误行为。

三个层级的错误行为。近半个世纪以来，我都试图用这种结构来解释儿童出现错误行为的原因。错误行为的水平与儿童的心理健康水平相匹配。以下三个层级的错误行为所对应的心理健康程度递减。

- 一级，试验性错误行为：一个开放的儿童，会不断尝试新的经验，如果经验不起作用，就会与周围的环境发生冲突。此刻的情绪可能还很原始，但处于一级错误水平的儿童很快会与自我和解，并将注意转移到其他的新经验上。
- 二级，社会性错误行为：儿童可能在缺乏安全感和压力的情况下取得进步，但他们在更多的情况下，会将一些重要他人视作行为的权威。由于对安全感的需要和觉察，儿童在多数情况下会按照成人的要求行事。但处于第二级错误水平的儿童容易受他人影响，这可能会引发课堂冲突。
- 三级，求生性（强烈需求未得到满足导致的）错误行为：儿童时刻都有需求未得到满足的行为动机，其结果导致压力和冲突可能随时产生。由此而陷入的冲突往往是极端且重复的，并会有一定的时间延续。这也使得儿童存在陷入“压力—对抗”的循环模式的风险。

五项民主生活技能。民主生活技能（democratic life skill，DLS）体现了人们需要习得的，能够为实现现代的、复杂的、民主的社会而做出贡献的技能。前两项技能是儿童为安全考虑，出于较为初级层面的动机的工作。在儿童能够有效地学习与次级心理动机有关的后三项技能之前，必须充分习得前两项技能。五项民主生活技能如下：

1. 作为团队的一员和有价值的个体而被接纳；（DLS1）
2. 以非伤害性的方式表达强烈的情感；（DLS2）
3. 创造性地解决问题——独自或与他人合作；（DLS3）

4．接受他人的独特之处；（DLS4）

5．明智地、合乎道德地做出决定。（DLS5）

尚未获得民主生活技能 1（DLS1）和民主生活技能 2（DLS2）的儿童时常表现出第三级水平的错误行为。当他们通过不断学习，获得后三项基本技能和相关知识时，更容易表现出第二级和第一级水平的错误行为。

释放教学。释放教学（liberation teaching）意味着永不放弃任何一个儿童。这是最纯粹和最好的引导实践。对于民主生活技能，释放教学意味着促进儿童获得前两项民主生活技能，并为其获得后三项民主生活技能提供积极的领导。对于三个层级的错误行为，释放教学意味着与儿童、家庭和照料者一起组成一个团队，使得那些因强烈需求未得到满足而导致的错误行为没有发生的可能。

讨论问题与核心概念

在每一章的最后，提供了少量的**讨论问题**（discussion questions），以便进一步研究章节中所提到的一些引导概念和实践行为。大部分问题都需要读者结合章节中所提到的观点，并反思自己现实生活中的真实经历。在与同事讨论问题时要注意保护隐私。对我来说，讨论问题环节有助于加深对章节内容的理解。我希望读者也能感受到这一点。

核心概念（key concepts）是每章中的特色术语。对核心概念的理解，能够帮助我们解释和理解引导方法。在我写作的过程中，我会不断强化核心概念，以帮助读者了解引导策略的概念和实践，并不断地提醒读者，在教育实践中，需要冷静地引导而非惩罚。在每章的末尾有一份核心概念的清单，你将在整本书的最后找到关于核心概念的术语表。

引导意味着成年人在冲突中要冷静和引导儿童，而不是惩罚儿童。这样，儿童可以从中学习到处理冲突的方法，以代替可能会出现的伤害性行为。在运用引导方法时一定要记住，幼儿是杰出的社会性存在者，他们会不断学习并内化周围同龄人和成年人的行为。当专业的早期教育工作者为他们提供了关爱的态度、行为和环境时，儿童就会将其内化。当儿童看到成年人积极地引导和关心有困难的儿童，为其营造良好的生活环境，并帮助其感到被接受和重视时，儿童就会获得社会性情感，这是当今社会十分需要的能力。这也是我要传递的核心理念，希望读者能够在浏览本书的每一页内容时，对此有深刻的理解和体会。

讨 论 问 题

专业的早期教育工作者的基本素养之一是尊重幼儿、家长和其他同事，并尊重他们的隐私权。在完成下面的活动时，请注意尊重所有当事人的隐私。

1. 想到一个此刻在你的工作中正在挑战你或你同事的幼儿。谈论你们尝试与其建立积极的关系，帮助他适应当下学习环境的过程，其所取得的进步与变化，以及在此过程中你所用到的出自本书的 1 ～ 2 个建议或观点。
2. 在你或你的同事与这个幼儿互动的过程中，哪些事件令人感到高兴或沮丧？你能够从中学到什么？你从本书中所获得的想法如何帮助你在今后处理相似的事件？
3. 想到并描述一个幼儿在之前一年的学习环境中所度过的最艰难时刻，以及之后一年他所取得的进步。你认为在不同时期，成人与儿童的关系如何对儿童的学业成就产生影响？你如何看待在这段经历中良好人际关系的重要性？

核心概念

核心概念的定义见本书第205—213页的术语表。

- 冲突（conflicts）
- 积极正面的关系（proactive positive relationships）
- 五项民主生活技能（five democratic life skills）
- 压力—对抗循环（stress-rejection cycle）
- 友善的幽默（friendly humor）
- 三个层级的错误行为（three levels of mistaken behavior）
- 引导（guidance）
- 毒性压力（toxic stress）
- 错误行为（mistaken behavior）

第一章　挑战性行为意味着棘手儿童[1]

研究大脑发育的心理学家们正在验证有爱心的教师多年来所知道的事情：没有所谓的坏孩子，只有那些没办法自己解决难题的孩子（Cozolino，2006）。本章着眼于幼儿问题的主要来源，以及这些问题如何导致幼儿表现出挑战性行为。随后的章节阐述了以个体和群体取向的引导练习，帮助幼儿处理自己的问题，获得支持他们和睦相处的情感和社会力量。

根据“导言”中的讨论，有三个基本观点将引导我们在整本书中的讨论。首先，专业的早期教育工作者倾向于以月龄而不是以年龄来看待幼儿。成人有时期望幼儿在冲突中能够表现得情感成熟，然而，即便是有着多年生活经验的成人，也未必总能做到。

其次，我们使用“**引导**”一词来定义对那些有挑战性行为的幼儿在发展上适合的引导（Gartrell，2014）。在当下，“引导”意味着以坚定而温和的方式介入冲突，这种方式让幼儿冷静下来，是教导而不是惩罚。从更大的意义上讲，“引导”可以培养幼儿健康的情感与社会性发展。

最后，即使在冲突当中，专业的早期教育工作者也会与团队中的每个幼儿建立并保持**积极正面的关系**。积极指的是在幼儿和幼儿的家庭参与教育项目的整个过程中，成人对关系的积极性承担责任。积极正面的关系从幼儿延伸到家庭，从教师与家庭成员的首次接触开始。

综合以上观点，幼儿的经验有限，虽然其大脑发育迅速，但仍处于早期

[1] 感谢《对话杂志》允许我在本章使用并改编我于 2015 年 9—10 月在该刊上发表的文章。——作者注

阶段，幼儿仅仅表现出情感与社交能力的初级阶段。因为刚刚开始一个复杂的、终生的学习过程，所以幼儿经常在行为上犯错误。采用这种引导观点的教师认为，幼儿所发生的冲突并不是行为不端，而只是错误的行为。因此，当成人采用引导方法时，他们帮助幼儿从错误中学习，而不是因错误而惩罚幼儿；他们帮助幼儿学会解决问题，而不是惩罚幼儿，只因幼儿尚未学会如何解决问题。引导基于并一直致力于建立积极的成人与幼儿之间、成人与成人之间的关系。

压力与行为

从欧洲蒙台梭利（Montessori）和福禄贝尔（Froebel）的著作，到20世纪中叶美国心理学家马斯洛（Maslow）、安斯沃思（Ainsworth）和鲍尔比（Bowlby）的著作，再到目前的脑发育研究，积极的成人与幼儿的关系已经被确立为幼儿健康的情感与社会性发展的基础。本节将浏览这些20世纪心理学家们的发现以及最新的脑研究成果，以找到在童年早期学习环境中导致错误行为的根本原因。

马斯洛的内在动力的两个来源

在基于生物学的脑科学研究之前，心理学家亚伯拉罕·马斯洛（Abraham Maslow，1962）就提出了著名的需求层次理论以及驱动满足这些需求的内在动力的两种来源。第一动力来源对年幼的孩子尤其有影响力，是为了维护身体与情感方面的安全，以免受到虐待和忽视、来自家庭外的迫害、饥饿和不安全的住所以及与家人的非正常关系等的威胁。

满足了迫切的安全需求后，婴幼儿摆脱了生存压力，可以应对马斯洛的第二动力来源：学习与心理成长的需求。能够应对内在学习与成长动机的幼儿，不会表现出那些安全需求没能得到满足的幼儿通常具有的挑战性行为，却能表现出在新环境下惊人的主动性，并能以基本健康的情感、社交、认知和身体进行学习。安莎（Ansha）是一个能够应对成长需求动力的典型学前儿童。请注意安莎在回应朋友莉娜时所运用的既明智又合乎道德的思维方式（民主生活技能 5，DLS5）。

安莎 56 个月大了。在一个星期五的下午，安莎的好朋友莉娜（Lena）放学回家了，这时候莉娜还有着一头长长的黑发。在姐姐的照顾下过了一个周末后，周一早晨，莉娜顶着一头蓝色板寸进了教室。莉娜问安莎对自己的新发型有什么看法。安莎想说点什么，但她在开口前改变了主意，改口说："我正在慢慢习惯它呢。""我也是。"莉娜说，然后两个人就出去玩了。安莎既明智又合乎道德的回答教会了在这种情况下的成人应该怎么说，并且它表明了幼儿行为的动机。（工作人员随后与莉娜的父母进行了沟通。他们了解到莉娜的姐姐刚开始上美容课，显然是利用莉娜来进行"练习"的。）对莉娜来说，她幸好有安莎这样一位朋友。

依恋理论

在马斯洛的理论观点发表后的 20 年中，约翰·鲍尔比（John Bowlby）和玛丽·安斯沃思（Mary Ainsworth）记录到，帮助婴幼儿满足其安全需求的主要方式是与至少一位重要家庭成员建立**"安全型依恋"**（secure attachment）。鲍尔比（1982）采用以临床为核心的方法，证明了在生命最初几年中积极的、可预见的母婴依恋与幼儿在新环境中自信心、技能、社交能力的增长有密切关联。

致力于类似鲍尔比的研究，安斯沃思（1978）指出，幼儿对其母亲的依恋类型可以预测成长中幼儿的应对能力。安斯沃思界定了三种依恋类型：安全型、矛盾型和回避型。她发现，安全型幼儿比矛盾型和回避型幼儿更少有破坏性、攻击性，并且更富有同情心。鲍尔比和安斯沃思加深了我们的理解：幼儿为什么会被满足安全需求的动力驱使，或者幼儿为什么能够超越这种动力？在成人与幼儿的关系中被剥夺了信任感和归属感的幼儿会承受无法应对的压力，并且其思想完全被满足自己的安全需求占据。相比之下，与重要他人建立了安全型依恋的幼儿，他们的安全需求能够得到满足，他们认为这个世界相对来说是没有威胁性的，是可以探索的。

脑研究的时代

自 20 世纪 90 年代以来，研究大脑活动的令人赞叹的新设备使神经心理学家能够记录和评估大脑对外界刺激的生理反应（Elliot，2003）。这些神经心理学家发现了两种基本的大脑动力，解释了马斯洛理论中的两种动机驱动力。脑研究也证实了**依恋理论**（attachment theory）的有效性（Cozolino，2006）。

第一种动力在生命早期开始发育，以帮助婴幼儿应对感知到的威胁（婴幼儿将其视为压力）。大哭是这种动力的主要表现。杏仁核是大脑的中枢，它调节对威胁的感知以及随之而来的激素与身体反应。**求生性行为**（survival behaviors），即战斗、冷漠或逃避等行为，是杏仁核对感知到的威胁做出反应的典型结果（Gunnar，Herrera，& Hostinar，2009）。从这个意义上讲，婴幼儿的哭泣被认为是一种战斗反应——在任何情况下，婴幼儿都会用大喊大叫来表示不适。

大约在 3 岁时，第二种更复杂的过程开始在大脑额叶内发育，称为“**执行功能**”（executive functions）（Elliot，2003）。（执行功能要到 20 多岁才能成熟。）执行功能由协调的心理过程组成，这些心理过程使用先前经验的记忆来解释当前经历，形成观念和行为偏好，保持有意反应，感知行为过程的结果并继续执行功能。

当幼儿觉察到威胁时，由此产生的应激激素会引起一些反应，这些反应会压制执行功能的启动运行（Shonko & Garner，2011）。杏仁核驱动的大脑反应覆盖了由额叶调节的更平衡的功能。如果威胁极为严重或者持续不断，幼儿会感受到更高水平的压力，这种压力水平会成为他们的核心精神状态。这些幼儿会变得对威胁过于敏感，他们在周围人认为相当普通的日常生活中都能觉察到威胁。在冲突中，他们频繁地（有时是极端地）表现出战斗、冷漠或逃避反应，往往具有攻击性，让周围的人都感到具有挑战性（Cairone & Mackrain，2012）。

毒性压力与冲突

按照我的观点，在幼儿期经常被卷入严重冲突生活的幼儿，会面临难以应对的压力，这种压力被肖恩科和加纳（Shonko & Garner，2011）称为"**毒性压力**"（toxic stress）。在毒性压力的反应中，幼儿会认为环境具有威胁性，并且在错误地努力抵御真实或想象中的威胁时表现出攻击性求生性行为。例如，有一个叫亚历克斯（Alex）的孩子，另一个孩子不小心碰到了他的手肘，使他在纸上涂上了过多的颜料。亚历克斯尖叫着在那个孩子走过时将颜料涂在她背上，然后把纸揉成一团，坐在地板上哭号。我们有理由猜测，难以应对的压力驱使亚历克斯产生了如此强烈的反应，并做出在对方背部涂画这样的攻击行为。

毒性压力可能由环境因素（如混乱的生活环境）引起。毒性压力的第二个来源是神经系统，非典型的大脑结构与发育使幼儿在正常情况下容易感受到超负荷压力。对父母和教师来说，凡经历这种内在压力源的幼儿通常都会让他们感到比较棘手，因为环境的恶化往往会加重这些幼儿感受到的神经压力。

环境因素与压力

饥饿、住房不安全、遭受伤害和死亡的威胁会导致毒性压力。经历或目睹过家庭内部的、对家人的暴力（哪怕只有一次），都会引起毒性压力。卢比特（Lubit，2010）认为，毒性压力和儿童创伤后应激障碍之间的界限有时是模糊的。我们所有人都应该考虑到，一个卷入严重课堂冲突的幼儿可能正在经历儿童创伤后应激障碍。

贫穷是导致毒性压力的一个重要因素（CDF，2015）。那些努力满足家庭基本需求的父母自己也承受着很大的压力。精神健康问题、自行用药、攻击性和关系问题（即与幼儿的非安全型和回避型依恋）都是由家庭资源不足引起的。

源于环境压力： 在学前班的第一周，49个月大的杰罗姆（Jerome）打了另一个小朋友的肚子。一位教师安慰着受伤的小朋友，另一位教师把杰罗姆放在“冷板凳”上：“想想你做了什么。”几分钟后，第二位教师和杰罗姆进行了交谈，然后和他一起读了一本书。

第二周，杰罗姆又打了一个小朋友的肚子。当教师走过来时，杰罗姆走到“冷板凳”前说：“我要去坐椅子，因为我不好。”教师和杰罗姆坐在一起，和他谈了很长时间。她向一位家庭服务人员询问了关于杰罗姆的情况，得知他母亲在上周进了戒毒所，家里的孩子们已经全部分给亲戚抚养了。了解到杰罗姆所面临的困境，教师努力与他建立了亲密的关系，后来她又与杰罗姆的母亲取得了联系。在教师的帮助下，杰罗姆在处理压力方面有所改善，对同学们也变得友好些了。

神经学因素与压力

神经方面引起的压力是大脑发育异常的副产品。诊断结果如下：自闭症谱系障碍、阿斯伯格综合征、注意缺陷多动障碍、极端性情、儿童精神疾病以及其他容易让幼儿感到沮丧和焦虑的身体与大脑疾病。

从很大程度上讲，这些疾病发生在幼儿身上，与家庭收入和教育无关，虽然充足的家庭资源可以减少环境对源于神经学因素的压力的影响。尽管如此，在发育异常幼儿建立安全型依恋的挑战中，两个有心理学博士学位的家长未必能拥有像无大学文凭的单亲家长那样的性情和可靠、积极的敏感度。对各阶层家庭来说，环境因素往往会加重神经系统疾病所引起的压力，这会使幼儿在进入托幼机构时面临更大的挑战。

源于神经学因素的压力：教师们知道，41 个月大的瑞安（Ryan）在许多课堂任务中很难集中注意力。瑞安在参与任务时，对结束活动（要么是因为轮到别人，要么是因为日程安排）有激烈的反应。除非低调处理，否则日程的变化似乎都会威胁到他。

今天早上，当整理铃声响起时，正轮到瑞安拿着一块长长的硬纸板做卡车的坡道。瑞安倒在地上，把坡道拉到自己身上并开始尖叫。教师冷静地向他解释，现在到了瑞安和同学们出教室的时间了，瑞安可以之后再使用坡道。瑞安一直哭，直到教师问他是否可以将坡道搁在一个特别的地方，这样他进来的时候就一定能拿到。瑞安立刻站起来，把坡道抬到教师桌子后面的某个地方，并且脸上露出了笑容。

教师确保瑞安一回来就找到了坡道。瑞安玩了 20 分钟的坡道，他还允许另外两个孩子一起使用坡道玩汽车。

学习环境中的压力来源

以下是健康的情感和社会性在学习环境中得以迅速发展的关键条件：

- 一个包容每个家庭（无论何种背景）的友好共同体；
- 成人与每个幼儿间的安全型依恋关系（积极正面的关系）；
- 一个适合每个幼儿发展的鼓励性学习环境；
- 对个体和群体中的幼儿都进行坚定而温和的引导；
- 乐于合作的工作人员，他们促成了对该方案中针对所有幼儿或整个共同体的设想。

接下来的章节中将探讨这些关键条件的创造和利用。此时重要的是，任何要素上的缺陷都会导致我所说的“**方案引起的错误行为**”（program-caused mistaken behavior），从而给方案成员造成过多的压力。

举个例子，设想一个学前班，班上有许多活泼好动的孩子。日程要求每天有一长串早早开始的冗长的安排内容，包括出勤、日程表、天气预报、法兰绒板故事[1]或图书、特殊事件，有时还有访客。大多数孩子确实不能坐着听讲那么长时间，但教师觉得在团队活动时间组织学生是她的责任。每天早晨，孩子们都会感到不安，有些孩子会吵闹。教师点名试图让他们重新集中注意力并最终让一些孩子坐上了“冷板凳”，然后这些孩子会感受到与教师发生冲突的额外压力。

在这个例子中，课表安排造成了幼儿和教师的错误行为。在一个适合所有幼儿发展的环境中，专业的早期教育工作者不会以这种方式使用团队活动时间，错误行为及其情感上的副作用也不会产生。（有关此问题的进一步讨

[1] 一种以法兰绒为底板、将各种图片背后粘上即时贴，根据故事情节设计情境的适宜低幼儿童的讲故事方法。——译者注

论，请参见第三章。）

当然，冲突也会出现在充满鼓励的环境中，但并不一定会增加幼儿难以应对的压力。无论如何，专业工作者都不应该认为自己需要阻止所有的冲突，他们只需要阻止那些可能造成伤害或使幼儿产生过度压力的冲突。在确定是否进行干预以及如何进行干预时，让我们回到“导言”当中讨论的错误行为的三个层级。

错误行为的三个层级

我要感谢我以前的导师北达科他大学的斯蒂芬·D. 哈洛（Stephen D. Harlow）博士，正是他的基本理念促进了错误行为层级论的创立。哈洛写道，幼儿的行为集中体现在三个层级的互动关系中。这三个层级是基于幼儿在满足安全需求和满足成长需求方面的心理成长（1975）。我自己的观察结果是，在每个层级上幼儿都容易在行为上犯一些典型错误。由此产生的错误行为的三个层级结构如下。

第一级：试验性错误行为

当幼儿接触外部世界时，将自我动机带到其日常活动和互动中，会经历第一级冲突。幼儿表现出“**试验性错误行为**”（experimentation mistaken behavior）有两个基本原因：第一，他们陷入了一种情况，事情朝着一个意想不到的方向发展，失去了控制，于是冲突就产生了。我把这当作一个不可控的实验。第二，他们故意尝试一些事情，看看别人的反应如何，而这种反应会是冲突。我把这当作一个可控的实验。

以下是一个无意的试验性错误行为的例子，也就是不可控的实验。

56个月大的辛西娅（Cynthia）熟悉教室里的每一块拼图。所以，她一下子拿出5张拼图的拼块，把它们混在一起并一次性拼好5张拼图！当她还在拼图的时候，已到了大家该把东西收起来然后出去的时间。辛西娅全神贯注，没有注意到这个过渡环节，一直在努力地拼图。教室里的一位教师批评辛西娅太执拗、不听指挥，并且说她没有正确地使用拼图。

主班教师梅丽尔（Meryl）来了，她悄悄地叫另一位教师带着其他人出去。梅丽尔蹲下来，和辛西娅进行了一次引导性谈话。（有关引导性谈话的内容，请参见第七章。）她说她对辛西娅一次能拼5张拼图感到惊讶。她提醒辛西娅，是时候“到外面去锻炼我们的身体”了。她问辛西娅，她是否可以告诉另一位教师辛西娅将在之后的游戏时间里完成这些拼图。她们一起立了一块牌子，上面写着：“辛西娅正在拼这些拼图。”她告诉辛西娅，因为辛西娅很擅长拼拼图，所以她要给辛西娅带一张非常复杂的拼图来让她试试。然后她们就到外面去了。第二天，梅丽尔带来了一张40块的拼图，两个人一起拼。在接下来的几天里，辛西娅教其他孩子如何拼这张新的更大年龄段孩子玩的拼图。

以下是一个故意引起第一级错误行为的例子，也就是可控的实验。

在睡觉时间，保育员看到阿梅莉亚（Amelia）——一个非常害羞的48个月大的孩子，坐起来拽了拽旁边睡着的3岁孩子的头发，又躺下假装睡着了。睡得迷迷糊糊的3岁孩子坐了起来，揉了揉头发，又躺下了。后来回忆起这件事，保育员微笑着告诉我：“我很高兴阿梅莉亚终于在这里感到自在了，可以搞点恶作剧了。如果这种事情再次发生，我会说些什么，但这次我要顺其自然。”我也完全赞同。

面对试验性错误行为，教师的反应非常关键。教师需要认识到，第一级错误行为意味着孩子正在全情投入人生实验，在满足安全需求，并致力于满足学习与心理上的成长需求。“**掌控动机**”（mastery motivation，对幼儿身心健康有益的心理成长动机）在起作用，这是专业的早期教育工作者会保护和培养的幼儿的一种心理状态。

通常，如果专业的早期教育工作者决定对观察到的试验性错误行为进行干预，他们会低调处理，以保护幼儿免受过度的压力。（有时候，真正需要引导性谈话的人可能是教室里的另一个工作人员！）如果真的有伤害的危险，教师当然需要进行干预；但是，如果没有，教师可能决定完全不做干预，而将冲突视为一种学习经验，并留意观察幼儿之后是否会重复这种行为。

第二级：社会性错误行为

处于第二级的幼儿还没有达到能够坚信自己的观点、能力和价值观的程度。他们在安全需求方面仍然缺乏安全感。他们倾向于调整自己的观点和行为，以适应他们认为有权威的人。这有助于他们融入团队并感受到归属感。因此，他们可能会跟着一个更强大的同龄人一起骂另一个孩子“笨蛋”；或者，他们可能会认为一个成人不喜欢另一个孩子，因为她尴尬地在大家面前犯了一个错误，处于社会性错误行为水平的孩子，可能会参照他们以为的教师的态度而躲开这个孩子或对这个孩子不友好。

在学习环境中，幼儿容易受到个体和群体的第二级错误行为的影响。以下是两个社会性错误行为的例子。

从家人或周围的孩子身上，拉尔斯（Lars）学会了一些脏话，比如用星号代替关键字母的sh*t。有一天，当拉尔斯正在搭建一辆建筑设备车时，其中一个轮子转不动了。拉尔斯尝试了各种方法。最后，他喊道："妈的（sh*t），老师，我无法让这个该死（fr*cking）的轮子动起来。"通过引导性谈话，教师悄悄地教了拉尔斯一些"不会干扰到学校里其他人"的替代词，并帮他找到一个可以转的轮子。

40个月大的雷克斯（Rex）来自单亲家庭，是家中5个男孩中的第三个孩子。家长让孩子们自己决定一些事情，比如由谁决定看什么电视节目、谁得到额外的甜点。毋庸置疑，做出决策的过程包含了打闹，雷克斯将这种行为带进了学习环境中。教师们一直在努力与雷克斯建立信任关系，他们教他如何进行分享和轮流，不要插队。

雷克斯在用肢体解决问题时没有表现出强烈的敌意，这向教师表明他表现出的是第二级错误行为（不是第三级）。他只是还没有学会如何在学习环境中与他人相处。通过教师坚定而温和的教导（包括多次引导性谈话），雷克斯在与同学说话用词方面有所改善。他的进步轨迹是，从肢体语言到说"给我那个"，再到说"你做完了吗？"。虽然花了好几个月的时间，但是雷克斯已经很少表现出肢体冲突了，那些努力与他建立关系的教师感到很高兴。

请注意，上述的第二级错误行为的产生源于学习环境之外的经验，这些经验教给幼儿的内容，幼儿又带到了学习环境中。由于学习环境中即时的群体动力，孩子们也会表现出社会性错误行为，有时很具有戏剧性。以下是一个社会性错误行为的例子。

一个新来的孩子达拉（Darla）即将加入这个班级，所以在前一天，教师开了一次团队会议，和孩子们讨论如何满足这个需借助轮椅和拐杖走动的孩子的特殊需要。她给他们读了一本书，讲的是一个坐轮椅的孩子参加了一个项目，希望这能让达拉的过渡变得更容易些。第二天，42 个月大的达拉坐着轮椅到了角色游戏区角。克里斯（Chris）和琼（Jean），都是 53 个月大，也进到了这个区角。克里斯轻声对琼说：“我不跟她玩，她不一样。”琼回应说：“对，我们不跟她玩，她不一样。”周围的孩子都听到了他们的对话。很快，罗塞塔（Rosetta）老师让这两个孩子跟着她走到旁边一个安静的地方。她提醒他们回忆昨天读的书以及讨论的结论。罗塞塔告诉他们，每个人都不一样，因为每个人都是独一无二的。她还说：“在我们班上，我们都在一起玩，我们都是好朋友。”她问他们俩如何与达拉一起玩。克里斯说他们可以在吃晚饭时让达拉加入。琼什么也没说，就朝区角走去了。罗塞塔今天教育了一个孩子，可能明天还能教育另一个孩子，于是她记下了要与琼进行交谈的时间。

做出社会性错误行为的孩子往往是由第一级试验性错误行为操纵的。这类孩子通过做一些事或说一些话来与其他人保持一致。克里斯在这里表现出了第一级错误行为，影响了琼。受克里斯的影响，琼表现出了第二级错误行为。

教师们经常召开团队会议，以预防和纠正孩子们的社会性错误行为。罗塞塔在达拉进班前一天召开了团队会议，以预防克里斯和琼犯下的那种错误。她选择与两人进行引导性谈话作为干预措施，因为这里存在心理伤害的危险。当几个孩子卷入（或可能卷入）一个事件时，专业的早期教育工作者可能会通过召开团队会议来解决这个问题。（有关团队会议的更多信息，请参见本书第五章。）

第三级：求生性错误行为

处于第三级的幼儿由于安全需求得不到满足，正在经受毒性压力。这种难以应对的压力可能来源于挑战性的环境体验，或者非典型的神经发育，或者两者的结合。[读者请注意：对于第三级错误行为，我现在使用的“**求生性错误行为**”（survival mistaken behavior）这个术语，它接近于哈洛 1975 年最初使用的术语。]

处于第三级的幼儿认为这个世界是危险的，而他们自己是这个危险世界的受害者。实际上，这些幼儿可能由于目睹或经历创伤而经受着不同程度的创伤后应激障碍（Lubit，2010）。

处于第三级的幼儿表现出错误的求生性行为和不合时宜的努力以保护自己免受威胁。凯龙（Cairone，2016）指出，具有讽刺意味的是，在托幼机构的庇护所之外，求生性行为有时可能会对幼儿面临的威胁和压力源起到威慑作用。

在学习环境中，由杏仁核驱动的幼儿行为[1]会导致极端的和反复发生的冲突。他们容易因自己的行为而受到侮辱，也容易陷入“压力—对抗”的循环中。这些幼儿往往是最难让人喜欢的，但却恰恰是最需要成人在冲突中和冲突外始终如一地友好对待的。

以下是这些幼儿表现出的第三级（求生性）错误行为的几种类型，每种类型都附有一则说明性短文。

与儿童抑郁症相关的“冷漠与逃避”求生性行为特征

- 对熟悉的、常规的、安全的行为和环境有强烈的偏好；
- 不能或沉默地拒绝参与新的体验，这种体验对于儿童来说是一种威胁；
- 对他人的示好反应冷淡或沉默地拒绝；
- 难以与他人建立彼此信任的关系；
- 愤怒或悲伤的发作与课堂活动不协调。

[1] 意指幼儿的情绪性行为。——译者注

38个月大的曼贝（Mambe）和他的母亲作为东非难民来到一个乡村小镇。这位母亲在一家汽车旅馆找到了打扫卫生的工作，店主帮助这家人参加了“开端计划”项目。曼贝第二天走进教室后，眼泪汪汪地站在角落里。他想打开门出去，但是弄不开门闩。玛西（Marcy）老师蹲下来，温柔地欢迎他。她给他端来早餐，放在桌子的一端，他自己吃了。玛西说曼贝在灯下看起来像一只鹿，她拉起他的手，给他看了日程表。她给他解释妈妈什么时候会来接他。曼贝把视线转到一个孩子把球滚下的V字形斜坡，他看了有10分钟，但是没有加入游戏。过了一会儿，曼贝从外面回教室时带了一个球，并把它滚下斜坡。另一个孩子把球捡起来，玛西老师说：“曼贝，告诉他这是你的球。”“我的球！”曼贝说道并把球拿了回来。在玛西老师的建议下，曼贝帮那个孩子找到了一个球，他什么话也没说，就又回到斜坡那里了。

错误行为并不总是会表现出来。任何一种错误行为都表明幼儿正在遭受伤害，并且不知道该怎么做。在我看来，玛西对曼贝的帮助工作，尤其是在民主生活技能1（DLS1）这一项上做得很好：在团队中获得归属感，并作为一个有价值的人被接纳。这是一个在工作中建立积极正面的关系的好例证。

与应激性攻击相关的“战斗”求生性行为特征

- 贵重物品纠纷中的自发性攻击；
- 侵犯领地纠纷中的自发性攻击；
- 特权纠纷中的自发性攻击；
- 对人际关系的不信任，成年人必须努力克服这种不信任。

下文提及了与物权、地权和特权有关的攻击性行为。有关这些因素在幼儿冲突中的作用的进一步讨论，请参见本书第148—151页的“关于物权、地权和特权的冲突”。

哈里森（Harrison）在 27 个月大的时候进了托幼机构。几天后，哈里森每天早上刚到就开始与他人发生冲突。他不洗手也不去吃早餐。当雷娜（Rena）老师试图邀请他时，他就大发脾气，骂脏话（用他自己独特的发音）并扔东西。由于他的行为使其他婴幼儿感到不舒服，雷娜只好把他挪到房间远处的一个角落，抱着他直到他平静下来。

在接下来的几天，当哈里森重复这一行为时，雷娜与她几天前才认识的年轻的哈里森妈妈贝蒂（Betty）进行了沟通。雷娜说她很喜欢哈里森在她班上，她告诉贝蒂，哈里森遇到了麻烦，尤其是在他早上刚刚到班上的时候，她很想帮助他。贝蒂说他们的房子很小，家里一些年龄更大的家人的活动经常使哈里森无法安顿下来睡觉。从他们的谈话中，雷娜得出结论，哈里森的攻击性行为可能是因在家里缺乏睡眠引起的。

雷娜、贝蒂和其他工作人员制定了一个策略。当哈里森早上进班的时候，雷娜会轻轻地走到他跟前，让他在准备吃早餐和拥抱之间做出选择。哈里森通常选择拥抱，偶尔也会睡着。在接下来的这一整天，雷娜都让他在活动中进行选择。哈里森开始做出选择并参与更多的活动。雷娜和两位助教还会找机会与他进行一对一的拥抱和“接触谈话”——每天与他分享几分钟的宝贵时间。

在第一个月里，雷娜与贝蒂建立了关系，贝蒂透露了更多关于家里的情况。雷娜了解到，贝蒂家中有两名男性成员因贫穷的影响而表现出了精神健康问题。这促使雷娜推荐他们家参加早期“开端计划”，在那里他们可以得到家庭援助，然而“开端计划”需要排队等候，暂时没有名额。

有时哈里森会吃早餐。他往往吃得很晚，吃得很少，但他至少开始吃早餐了。渐渐地，哈里森习惯了托幼班的常规。雷娜仍然对他早上需要一个拥抱保持开放的态度，但是哈里森只需要几天的亲密接触。教师们意识到，虽然他们不能改变哈里森的家庭环境，但他们可以帮助哈里森在托幼班里感到安全并受欢迎，而且他们可以与哈里森的母亲维持积极正面的关系。

与工具性攻击相关的“战斗”求生性行为特征

- 纠纷中采取攻击性策略以获取有价值的物品；
- 纠纷中采取攻击性策略以获取有价值的领地；
- 纠纷中采取攻击性策略以获取有价值的特权。

58个月大的卡莉（Carlie）在幼儿园里与教师们之间存在一些严重问题。她表现强烈情感的方式是，每当要进游戏屋的时候，就躲在它后面。几乎每一天，当一位教师去找她时，她就变得充满挑衅，造成严重的冲突，有时还得去“面壁思过”。有一天，卡莉带着三个小朋友和她一起躲起来。当她看到教师来了，就从小朋友们和教师身边偷偷溜走去排队。她微笑地看着教师把另外三个小朋友赶回去排队。教师搞错了，她感谢卡莉记得排队并因卡莉今天没有犯错而感到宽慰。（这次的错误行为对其他孩子来说是第二级，对卡莉来说是第三级。）

卡莉在这里使用了一种**工具性攻击**（instrumental aggression）的策略，影响其他人做出错误行为，间接地攻击了一个成人。这是一种复杂的错误行为，在年龄最大的、最老成的学前儿童身上可以看到。毋庸置疑，卡莉在她的生活中经历了不亚于曼贝和哈里森的创伤。工作人员发现卡莉的父母正在办理离婚手续，用她妈妈的话说，她爸爸是“毁灭性的霸道者”。卡莉使用杏仁核驱动的知识来试图控制自己难以应对的生活和毒性压力。工具性攻击可能是挑战性儿童表现出的最具挑战性的行为。

安全需求、成长需求和民主生活技能

“导言”中首次提到的五项民主生活技能（DLS）是一种非正式评估，也是回应处于安全需求与成长需求之间的幼儿的一种方法。这里再次提到的五项民主生活技能如下：

1. 作为团队的一员和有价值的个体而被接纳；（DLS1）
2. 以非伤害性的方式表达强烈的情感；（DLS2）
3. 创造性地解决问题——独自或与他人合作；（DLS3）
4. 接受他人的独特之处；（DLS4）
5. 明智地、合乎道德地做出决定。（DLS5）

这五项技能的主要差别在于前两项民主生活技能表明幼儿仍在努力满足对安全和归属感的需求，后三项技能表明幼儿正在努力满足学习和心理成长的需求。幼儿倾向于对这两类技能进行集群式的学习，而不是按顺序学习。我的意思是 DLS1 和 DLS2 之间有联系，教师应引导幼儿一并获得这些技能。

当幼儿满足了基本的需求，他们就获得了感受接纳和价值的能力，并学会以非伤害性的方式表达强烈的情感。在这一点上，就大脑发育而言，幼儿正从杏仁核系统驱动的生存反应转向由大脑执行功能控制的更有意的反应。他们越来越能够响应成人的领导，从而实现在成长需求上的进步（DLS3、DLS4、DLS5）。

哥哥在他面前被捕的托管中心男孩贾森（Jason）的例子说明了上面提到的这种差别。贾森刚开始是用失控行为来表达他无法应对的压力，尤其是在活动过渡环节，他会攻击那些他认为正在侵犯他个人空间的人。意识到这种情况及其影响，工作人员努力重新建立与贾森的个人关系，并与贾森的家人保持密切的沟通。三周后，我造访了这个班级，看到贾森正在努力搭建一个复杂的积木建筑。他的老师告诉我，贾森说他在建监狱：“放学后我要去那里看我哥哥。”贾森的进步，我认为是从 DLS1、DLS2 到 DLS3 的阶段，正在通往 DLS4、DLS5 的路上。

幼儿在 DLS3、DLS4 和 DLS5 上有他们自己的成长方式，并且在每项技能上表现出不同程度的进步。最根本的一点是，在学习 DLS3、DLS4、DLS5 的幼儿已经成功地满足了基本需求。由此产生的安全感使他们能够致力于表达掌握动机，拥有健康的执行功能以及保持对新的学习经验、新的关系的开放态度。这一天，贾森可独自游戏，那么在未来的某一天，他可能会跟其他人一起游戏。

民主生活技能与错误行为层级

在学习 DLS1、DLS2 的幼儿倾向于表现出第三级错误行为，有时也会表现出第二级错误行为。在学习 DLS3、DLS4、DLS5 的幼儿倾向于表现出第一级错误行为，有时也会表现出第二级错误行为。让我们使用本章中的例子来了解这些孩子的行为是如何与五项技能相关联的，这反映出他们在安全需求与成长需求之间处于什么位置。

安莎：56 个月大，她告诉莉娜，她开始习惯莉娜的蓝色板寸头。安莎在合作解决问题方面取得了一定的成绩（DLS3），接受了朋友的新变化（DLS4），并且发表了一个考虑莉娜感受的有益评论（DLS5）。安莎完全没有表现出错误行为。

杰罗姆：49 个月大，在开学的第一周就打了一个小朋友，然后被放在“冷板凳”上，杰罗姆与他的家人经历了现实分离的急性创伤。我们很难认为杰罗姆是班上有价值的一分子（DLS1）。他显然很难用非伤害性的方式表达强烈的情感（DLS2）。他表现出第三级错误行为。

瑞安：41个月大，因为神经系统方面的缘故，一直承受着巨大的压力。当不得不结束一项全神贯注的活动时，他惊慌失措，尖叫着倒在地上。他可能会因为这种强烈的反应而受伤，也肯定会吓到周围的人。瑞安正挣扎在DLS1和DLS2上。他表现出第三级错误行为。

曼贝：38个月大，他和妈妈在自己的国家经受了由持续的人身危险与迫害所带来的极端压力。这种压力显示出对儿童抑郁症可能造成的影响——极端的求生性冷漠与逃避倾向。曼贝才开始在DLS1上取得进展，并且刚开始学习DLS2。他的逃避反应是第三级错误行为。

哈里森：27个月大，至少是由于环境方面的原因，每天早上都承受着难以应对的压力。他的应激性攻击的表现是摔椅子，对周围的人大发雷霆，这是一种焦虑发作。哈里森正挣扎在DLS1和DLS2上，他表现出第三级错误行为。

卡莉：58个月大，表现出工具性攻击的求生性行为。她带着另外三个小朋友躲藏起来，故意愚弄教师，因而对教师表现出间接的攻击。第三级错误行为是孩子试图控制自己已然失控的日常生活环境。卡莉正挣扎在DLS1和DLS2上。她的错误行为是第三级的。

辛西娅：56个月大，她挑战自己，一次拼多个拼图。她太投入了，以至于没有注意到（或者忽视了）到了准备出门的时候了。主班教师解决了辛西娅的问题，意识到她表现出的是第一级错误行为。辛西娅刚开始学习DLS3。

阿梅莉亚：48个月大，决定搞点恶作剧，拽旁边熟睡孩子的头发。教师决定暂时不理睬她的这个第一级错误行为。在我看来，阿梅莉亚正在学习DLS3，但还没有掌握合作解决问题的概念。阿梅莉亚似乎有点羞怯的举止表明她正在学习DLS2（这个例子有几分诙谐）。

就民主生活技能和错误行为的层级方面来讲，你可能对幼儿所处的阶段有不同的看法，这很好。这个旨在作为一种参考意见和一种协助方式而被使用的框架，可为试图了解幼儿群体行为的专业早期教育工作者提供引导。也许这些都是需要询问的根本问题：每个幼儿所面对的总体压力水平是怎样的？如何知悉？

希望第一章中探讨的框架可以为我们进入下一章时提供帮助。第二章将开始我们的引导，旨在通过积极正面的人际关系，使群体中的每个幼儿都能控制压力，并使幼儿能自主管理冲突，能够以非伤害性的方式解决冲突。

讨论问题

专业的早期教育工作者的基本素养之一是尊重幼儿、家长和其他同事，并尊重他们的隐私权。在完成下面的活动时，请注意尊重所有当事人的隐私。

1. 想一想，在某一次，一个教师和一个在学习环境中遇到困难的幼儿建立了积极正面的关系，从这一章中选择一个你认为有助于解释教师建立关系策略的观点。
2. 读完这一章，你对本章标题“挑战性行为意味着棘手儿童”的理解发生了什么变化？
3. 想一想一个发生在群体中对于当事幼儿来说是第一级或第二级错误行为的冲突，这一章的哪些观点帮助你做出了评估？
4. 想一想一个发生在群体中对于当事幼儿来说是第三级错误行为的冲突，这一章的哪些观点帮助你做出了评估？
5. 你认为问题 3 和问题 4 中的幼儿掌握了哪些民主生活技能？他们尚在学习哪些技能？

核 心 概 念

核心概念的定义见本书第 205—213 页的术语表。

- 依恋理论（attachment theory）
- 发展适宜性教育实践（developmentally appropriate practice）
- 执行功能（executive functions）
- 试验性错误行为（experimentation mistaken behavior）
- 工具性攻击（instrumental aggression）
- 掌控动机（mastery motivation）
- 应激性攻击（reactive aggression）
- 安全型依恋（secure attachments）
- 社会性错误行为（socially influenced mistaken behavior）
- 求生性（强烈需求未得到满足导致的）错误行为［survival（strong unmet needs）mistaken behavior］

第二章　七项引导措施[1]

当冲突发生时，错误行为可能出现在任何一个层级中。范围从第一级无意的错误行为——一个幼儿认为另一个幼儿已经玩完了一个玩具，并试图拿走它，到第三级有意的错误行为——第二个幼儿攻击了试图拿走玩具的第一个幼儿。

教师——无论是使用传统准则的精于技巧的还是运用引导策略的专业工作者——对错误行为的反应，都会影响到孩子们是否会升级和重复错误行为，或者学会自己解决冲突。

专业而非精于技巧的工作者

约翰·杜威（John Dewey）在他关于进步主义教育的最简明陈述中描述了教师的角色。他说，教师不是某些神圣的预设课程的监护人，根据学生是否遵从课程安排并掌握这些课程，奖励一些学生，惩罚另一些学生。在以儿童为中心的学习系统中，教师也不是那种坐在后面简单观察的人。年幼的学习者不可能靠自己来了解通往成功教育的道路（Dewey，1997）。因此，教师在逻辑结构化的课程与在心理上学习的儿童之间起着友好的中介作用。换言之，用杜威的话说，教师“对课程进行心理化”，通过课程引导学生借助学习经验找到个体意义，从而培养儿童的内在掌控动机。

[1] 感谢《对话杂志》允许我在本章使用并改编我于 2015 年 11—12 月在该刊上发表的文章。——作者注

一个运用引导策略的专业工作者对待学习持开放的态度，在教的时候，他在一个鼓励所有幼儿的环境里对每个孩子都有回应。相比之下，一名精于技巧的教师来完成这项工作，他会将课程与日程表建立常规，并优先让孩子们遵循这些常规。

下面的例子说明了一个精于技巧的工作者和一个运用引导策略的专业工作者之间思维模式的差异。

这是朱利奥（Julio）来班里的第一天。作为一个48个月大的孩子，他和他的家庭刚来到这个共同体。在家里，朱利奥经常用他从一个哥哥那里获得的乐高积木进行搭建。他看见桌子上有一盒乐高积木。在团队活动开始前的空闲时间，他悄悄地开始搭积木。团队活动开始了，老师让其他孩子围成一圈，没有注意到朱利奥一直在搭积木。

一个精于技巧的教师的反应很可能是这样的：准备好开始了，该教师发现朱利奥还在桌子那边。她不站起来，而是用严厉的声音喊："孩子，到这里来坐下。在我们班上，我们有固定的做事方式，每个孩子都要这样做！"朱利奥从桌子那边起身，走到团队当中，看起来很害怕。

一个运用引导策略的专业工作者的反应可能是这样的：准备好开始了，教师发现朱利奥还在桌子那边。她微笑着站起来走向他，蹲下来轻轻地对他说："朱利奥，这是你第一天来这里，我们的工作是帮助你了解我们的日程安排。现在是团队活动时间，请过来坐在我旁边，这样我们就能帮助你了解其他的小朋友了。"她仍然微笑着站起来，拉住朱利奥的手，两人走到团队当中。

诚然，这个例子具有倾向性，但是我问你：你有没有见过一些教师更像场景一中的那位或更像场景二中的那位？你和那些教师在一起的时候，他们的思维方式对你有什么不同的影响？

杜威（Dewey，1997）写道：当教室成为孩子们配合参与学习体验的活跃实验室时，我们的整个纪律观念都会发生变化。管理行为成为一个执行过程，教师应该作为一个反应迅速的领导者，而不是独裁的老板。就我们而言，这意味着作为领导者，教师是作为专业工作者而不是精于技巧的工作者在工作，他们不断地对情况做出判断，并努力以教导而不是惩罚的方式解决问题。

当然，一名运用引导策略的专业工作者并不总是顺利的，有时我们在冲突情况下的假设和反应只会取得部分成功。跟所有人一样，运用引导策略的专业工作者更像人而不是天使，但他们努力作为更好的天使来行事，从经验中学习，就像我们要求孩子们做的那样，在下一次更成功地解决问题。我们需边教边学。

七项引导措施

七项引导措施增强了专业的早期教育工作者的工作能力，这里会介绍每一项引导措施，并在接下来的章节中进行更深入的讨论。其中多项措施也是2005—2014年我撰写的《幼儿》杂志《引导事项》专栏的主题。读者应注意，这七项措施都依赖于教师花时间与团队中的每个幼儿都建立积极正面的关系。

措施1：为每个孩子打造一个鼓励型幼儿共同体

一些精于技巧的教师认为，如果团队中的大多数幼儿相处融洽，表现良好，那就足够了。然而，只有每个孩子都好，这个环境才是真正适合发展的（Hyson & Tomlinson，2014）。往往正是少数几个幼儿，由于性格和行为问题而惹教师生气。成人可能与幼儿性格不合，但运用引导策略的教帅会想办法控制他们对个别幼儿的态度。他们利用自己的情绪—社会智力与经验，与每个幼儿建立积极正面的关系，以造福挑战性儿童、团队中的其他成员以及相关的成人。

对我来说，一个鼓励型学习共同体是每个幼儿即使生病了都想去的地方，而不是幼儿健康时都不想去的地方。教师有两种基本做法可以使每个幼儿都感到受欢迎和受重视。

首先，专业的早期教育工作者审视并调整方案，以确保它适合每个幼儿的发展。通常，对于传统的早期教育来说，幼儿的精力太充沛了，因为传统的早期教育有教师主导的大型团队，遵循引导的手工活动（而不是开放式的艺术活动），对使用材料和活动室的有限选择，以及大量需要坐着的使用纸和笔的课（Martin & Slack，2015）。当教师调整方案，针对一起学习和游戏的固定小组增加一些开放式的、实践性的活动选择，以及大量户外和活动室中的自主游戏体验时，更多的孩子就可以参与进来并感到被接纳（Copple & Bredekamp，2009）。

其次，专业的早期教育工作者运用一些建立人际关系的技巧，比如个人肯定，花时间称赞幼儿的努力与成绩中的一些细节部分，例如，不说“做得好”，而说“你在画面中使用了很多颜色”。教师利用这种时机可以接着使用第二种技巧——**接触谈话**（contact talk）。接触谈话是与幼儿单独相处的宝贵时光。成人倾听并顺着幼儿的思路谈话。接触谈话并不是说教、教训或教诲，它的目的是让成人和幼儿相互了解、相互信任，这是建立积极正面关系的基础。

在开始接触谈话时，成人通常会对幼儿正在做的事情给予积极的肯定。

教师：威利斯（Willis），你很努力地在搭消防站哦。你几乎使用了所有的积木呢！

真诚的称赞往往会引发一场友好的对话并给成人一个机会，让他们可以积极地称赞孩子可能有的想法和感受。在称赞之后稍微停顿，孩子通常会继续对话。

威利斯：是的，我姑妈在救火，她还坐在卡车上。我得去消防站了。

教师：你一定为你的姑妈感到骄傲。

威利斯：是的，杰姬（Jackie）姑妈最好了。她带我到处参观。

不用管给这些对话起什么名字——“有效互动”或“接触谈话”等。幼儿与成人经常通过这种对话共享积极正面的时光，可形成做其他任何事情都无法建立的积极正面的关系。停顿让幼儿有机会决定如何回应，真的很有用。教师通过给幼儿一点时间来肯定幼儿的价值。

吉雅（Chia），38个月大，她用白粉笔在蓝纸上涂了一层白色。她的老师说：“你正在努力地画画，并且用了好多白色。”吉雅看着图画回答说：“是的，迪兹是个怪人，我爸爸在后面犁地，但你看不到他。”老师笑着说：“你爸爸一定有一个很大的犁。”吉雅详细地描述了犁，两人一起享受了这一刻的美好时光。

有时幼儿对教师的称赞没有反应，教师通过保持友好的氛围来维系这宝贵的时光。在这种情况下，接触谈话只有小部分是口头的，更多的是非语言的，这就足够了。接触谈话不需要很长时间，但一定要有规律，教师和每个孩子每天都需要有。第三章中将进一步探讨这些问题。

措施 2：为了孩子的利益与家庭合作

家长是幼儿的第一个也是最重要的教师，教师只是起帮助作用。但是做家长是一项艰巨的工作，假如是单亲家庭，假如家庭收入入不敷出，假如家人有心理健康和酗酒、吸毒等问题，假如孩子有极端的性格，假如家庭文化与共同体文化不相适应，尤其是代理家长在抚养孩子，那么做家长就更困难了。在这些情况下，专业的早期教育工作者提供的帮助至关重要。没有任何一种教育能像现在这样对孩子的生活产生如此深远的影响。

专业的早期教育工作者以持续的热情与家长建立关系。认识到现代家庭生活如此复杂，教师应尽可能多地了解每个家庭，努力建立彼此信任的关系，并帮助家长为了孩子的利益而增强信心。

玛丽亚（Maria）的妈妈普丽西拉（Priscilla）没有参加教师的欢迎会和首次会议。她没有回复教师的电话留言。伊内兹（Inez）老师反驳了“家长不在乎”的观点，与其他工作人员进行了交谈。她得知普丽西拉下午 2 点到晚上 11 点间做酒吧服务员，孩子们在她工作期间和奶奶住在一起。伊内兹给在餐厅工作的普丽西拉打电话，说她很喜欢玛丽亚在她班上，并问她们是否可以趁普丽西拉休息的时候在餐厅里见面！普丽西拉不情愿地询问经理，经理答应了。普丽西拉和伊内兹在秋季里见过几次面，相处得很好。当普丽西拉接受了她的邀请，开始在上班前到教室里给孩子们朗读时，伊内兹看到了她的进步。

在教师的引领下，普丽西拉从简单地接收和接受幼儿园信息，发展成为积极的参与者，让整个幼儿园得益。教师是这里的关键因素。伊内兹克服了一种可能会让普丽西拉远离幼儿园的成见。她意识到，在与家庭一起工作时，教师首先需要表现得亲切友好，并且在努力增强家庭参与度方面要持之以恒。通过她的努力，伊内兹能够向普丽西拉传达，她们是同一个团队的队友，可以一起工作。

第四章将研究幼儿共同体中家庭参与模式的四个层级。正如我们将要说明的那样，普丽西拉不仅发展到了第一级（接收信息），而且发展到了第三级（有益于整个幼儿园）——当我们研究这一章中的四个层级时，很容易确定巨大的进步。

措施 3：团队会议

团队活动时间结束，团队会议就可以开始，它不属于日程安排的常规范围。团队会议对当天发生的事件、问题、经验和个人活动计划进行深入的讨论，包括相互尊重的谈话与倾听，鼓励团队一起分享和解决问题。

教师们可能会介绍一个活动："今天在艺术区角，你们要画一张自己的独特的室外图。谁能想想自己喜欢在室外做什么事？"或者他们可能会讨论一个班上的已经被公开的问题。

"昨天有些小朋友说到的词让其他小朋友和老师感到不安。这些词就是'笨蛋'（butt head）。"（因笑声和愧疚的表情而停顿了一下。）"如果有人对你这么说，你会有什么感觉？"然后，教师引导团队礼貌地讨论如何解决这个问题。根据既定原则，不能说出个别幼儿的姓名。教师会背地里追踪那些他知道一直在用这些词的孩子。

团队会议对建立鼓励型幼儿共同体起到很大的作用。团队会议有多种功能，它可以解决团队中的日常事务与公共问题。你可能会想，团队会议是否适合学前儿童甚至婴幼儿？我知道在一些托幼机构，成人每天都会开团队会议。第五章提供了一个关于幼儿团队会议的经典逸事。预告：这个团队会议的主题很尖锐。

团队会议是一项由教师引导的有助于生活和参与平等团队的有价值的引导活动。它就像儿童城会议一样，教会幼儿和成人，幼儿共同体是包容一切的。它鼓励所有成员了解他们属于团队并能够成功地参与到团队中。

措施 4：在冲突中，首先让所有人冷静

按照惯例，精于技巧的工作者对突发的冲突反应是恢复秩序，安慰受害者，惩罚作恶者。虽然成人可能已经恢复秩序一阵子了，但他们在帮助双方学习如何在冲突后进行和解以及下次如何以更和平的方式解决问题方面做得很少。

相反，专业的早期教育工作者在处理完幼儿身体上的伤害后，首先会让所有相关人员冷静下来，就从他们自身做起。假如有幼儿感到非常生气，教师可以把他们转移到别处，但这种行为不同于幼儿因做了某件事而被强迫坐在“冷板凳”上。情绪激动时，没有人能解决冲突。教师转移幼儿是为了帮助他们冷静下来。然后，教师使用**引导性谈话**（guidance talk）或**冲突调解**（conflict mediation）为和解和下一次的冲突管理技能进行示范教学。

通常在冷静时间是没必要进行隔离的。教师可能会让幼儿进行深呼吸，或者在帮助他们调解之前确保他们真的冷静下来了。尽管如此，假如一个幼儿已经完全失去控制，并且有即将发生人身伤害的危险，那么成人就可能需要使用最后的冷静措施——**被动熊抱**（passive bear hug）来抱住幼儿（更多信息请参见本书第 136—140 页的“预防伤害的控制”）。

在试图帮助幼儿学会有效地处理冲突之前，让他们冷静下来是一个至关重要的引导步骤。第六章将探讨让每个人（包括你自己）冷静下来的重要课题，以及其他危机缓解技巧，这些技巧是引导方法的一部分。

措施5：引导性谈话

当幼儿卷入无论是与同龄人还是与成人的激烈冲突时，在与团队中的幼儿建立积极关系的基础上，引导性谈话都是选择性干预方法。与团队会议和冲突调解一样，引导性谈话的目的是和平地解决冲突并教会幼儿在以后遇到冲突时使用非伤害性的回应方式。一个重要的事项是要避免让幼儿感到难堪——在托幼机构中这也许是最常使用的惩罚形式。

成人需要首先冷静下来，然后帮助幼儿冷静下来，有时会把幼儿转移到教室里比较安静的地方。当幼儿足够冷静后，成人会和幼儿一起确认到底发生了什么，尊重幼儿的观点，然后讨论如何改善情况以及幼儿下次应该怎样做，而不是表现出攻击性。注意，在引导性谈话结束时，成人不会强迫幼儿道歉，而是会询问幼儿如何做才能使对方感觉好些。如果需要，成人会给幼儿留出时间来想办法。

伯纳德（Bernard），46个月大，正在和卡拉（Carla）和多米尼克（Dominic）玩“过家家”，他们两个都是52个月大。他们假装一些小圆块是通心粉和奶酪。伯纳德的发展水平不如其他孩子，他想要更多的通心粉和奶酪。卡拉拿空碗给他看，说没有了。伯纳德生气了，把桌子上的盘子都扫到地上去了。然后他钻到桌子下面，噘着嘴生气。另外两个孩子躲在一边看着他。巴斯玛（Basma）老师坐在伯纳德旁边的地板上，抚摩着他的背帮助他冷静下来。两人轻声地谈论着发生了什么事以及为什么会这样。几分钟后，伯纳德爬出来，开始把假装是通心粉和奶酪的东西放回碗里。卡拉和多米尼克也来帮忙。在教师的轻声提示下，伯纳德说：“谢谢。”巴斯玛推断这就是伯纳德的道歉。在教师的注视下，三个人继续“吃午饭”，没人担忧这些“食物”曾经掉在地上。

引导性谈话是引导措施的灵魂。这是教师与幼儿之间的单独谈话，成人蹲着或坐着，跟幼儿保持同一高度，也许有一些友好的身体接触。成人要避免对冲突或幼儿进行公开羞辱和道德判断。教师让幼儿参与解决问题的过程，非正式地遵循冲突调解中使用的五个步骤（列在下一项引导措施下）。作为纯粹的引导，引导性谈话的目的不是惩罚幼儿所犯的错误，而是帮助幼儿尽可能多地学习和解以及今后如何更文明地处理类似问题。在引导性谈话后积极地对幼儿进行追踪研究通常是一个好主意。第七章将探讨作为引导措施主要内容的引导性谈话。

措施 6：冲突调解

冲突调解是指外部一方引导冲突各方以文明的方式解决冲突。在托幼机构中，经历冲突的双方或三方刚开始发展情绪管理技能。使用冲突调解策略的教师将引导作为一种方法已迈出了关键的一步。他们认识到在一个激励所有人的环境中，即使是学前儿童也可以在管理情绪和解决冲突方面取得巨大进步，这是我们毕生努力的目标。

冲突调解为参与者和旁观者提供了超出解决冲突本身的学习机会。关键的语言技能、社会学习技能，有时甚至连数学技能都是通过这个过程来示范和教授的。用一位教师的话说："冲突调解并不会分散课程的注意力，它是课程的重要组成部分。"

我们的冲突调解发挥作用的例子是，一个 60 个月大的幼儿在一个 52 个月大和一个 41 个月大的幼儿之间进行调解。我们用这个精彩的例子来说明，不一定要有硕士学位才能使这一做法发挥作用，事实上调解员甚至不必是一个成人！

贝丝（Beth）刚开始在儿童保育中心当教师时，39 个月大的杰里迈亚（Jeremiah）表现出的行为表明，他显然已经习惯坐在可怕的“冷板凳”上。贝丝使用了调解措施来处理孩子们之间的冲突。两年后，就在杰里迈亚准备上学前班的前几周，他看见 52 个月大的柯特（Curt）试图让 41 个月大的艾米（Amy）放弃一辆卡车。贝丝惊奇地看到杰里迈亚走向他们两个说：“怎么了，伙计们？”柯特说艾米该把卡车给他了。杰里迈亚问艾米是否已经玩好了。艾米抓住卡车，转过身去摇了摇头。杰里迈亚对柯特说：“我想艾米还没有玩好。你先玩别的，好吗？”柯特点点头。杰里迈亚走了，脸上露出贝丝从未见过的自信的微笑。艾米又玩了一会儿卡车，然后把它给了柯特。

多年来，我一直建议教师在冲突调解过程中使用五个步骤的做法，即“五指法”。

1. 让大家冷静下来，从你自己开始；
2. 通过谈判让孩子们同意彼此对冲突的看法；
3. 帮助孩子们集思广益解决冲突；
4. 就解决方案达成一致意见并进行尝试；
5. 追踪并跟进。

尽管杰里迈亚没有阅读过有关上述“五指法”的材料，但是他很好地使用了这些基本原理，使冲突得到了解决。这是使用冲突调解策略的一个要点：与其他引导措施一样，不用那么完美就可以使措施发挥作用。第八章将仔细研究如何对学前儿童甚至婴幼儿使用冲突调解策略。

措施 7：综合引导

当幼儿引发严重且反复的冲突时，专业的早期教育工作者需要将各项引导措施结合起来，形成一个协调一致的计划。教师要与所有跟幼儿有关的工作人员召开一个会议。这不是批评会，而是大家努力去了解幼儿的行为模式。然后，负责人会去联系家长，以出现“紧急情况”为理由要求会面。

在会议上，负责人从对幼儿的正面评价开始，把幼儿所面临的问题放在能看到的整体进步的背景下。工作人员和家长讨论是否需要一份正式或非正式的个别化引导计划（individual guidance plan，IGP）来完善他们确定的领域。他们和幼儿的家人一起制订计划。工作人员鼓励这家人在家里实施这项计划。他们监督与计划有关的进展，并与家长举行一次或多次的后续会议。

在美国有太多跨越民族的托幼项目都有驱逐那些表现出严重和反复冲突的幼儿的记录。在引导方法中，只有在制订、尝试、修改和再次尝试“个别化引导计划”之后，才能将作为承担其行为后果者的幼儿除名，这是最后的手段。如果“个别化引导计划”后来被证明是必要的，那么从一开始就与幼儿的父母建立关系是必不可少的。如果有必要召开“个别化引导计划”会议，工作人员可能会说这是幼儿继续参加项目的唯一方式。但希望从一开始就建立积极正面的关系，让这一行动变得没必要。（“个别化引导计划清单”见本书第 215—217 页“附录 2”。）

幼儿冲突的情况越严重，专业的早期教育工作者就越需要与其他成人进行合作，寻找解决办法。专业人员之间的良好关系与跟幼儿、家庭的良好关系同样重要。即便有时双方会固执己见，但友好的沟通始终是引导的核心。

合作：一起计划、一起工作

在美国教育中有一个不幸的传统，它可以追溯到美国以前的私塾学校（Gartrell，2014），就是由个别教师独自处理所有的情况。我们在 K—12 公立学校的集体课堂中可以看到这种普遍的做法：师生比是 1∶20 甚至更低。在班级规模过大的情况下，直至达到临界点前教师都会处理所有的情况，达到临界点时学生就必须暂时离开。这一点不仅针对学生，也针对教师，如果不临时驱逐，教师是无法处理这种情况的。

通过进行差异化的人员配置，幼儿教育在团队—家庭幼儿保教机构中处于领先地位，为缓解大班级现象提供了一种范例。鼓励型学习共同体的模式是由两个或两个以上的成人组成一个更合理的团队。一名主班教师，其他人是助教，但他们仍然可以领导更小的团队，并与个别幼儿建立积极正面的关系（Gartrell，2014）。当学习环境出现问题时，**教学团队**（teaching team）会齐心协力地解决问题。

合作（collaboration）的黄金法则是专业的早期教育工作者共同完成他们无法单独完成的任务。与引导的其他方面一样，团队合作的发生是因为主班教师从第一天就开始组建团队。对传统的专业 / 非专业角色分离说“不”，主班教师将幼儿小组分配给助教，这些助教成了这些幼儿小组的主要看护者。主班教师对合作团队的成员表示赞赏，在此过程中相互欣赏（The Greta Horwitz Center，2016）。

所以，如果一个主班教师看到洒出来的液体，他就会清理它；如果助教对音乐或科学活动有兴趣，就能够运用和发展这些技能；如果助教对经常发生冲突的幼儿很好，教师就会把对该幼儿的领导任务安排给助教，并经常把该幼儿分配到助教的小团队里。鼓励型共同体中的幼儿和其他成人都能从这种合作（因而平等）而不是独断的人员配置系统中受益。此外，处于这种环境中的幼儿，在获取更多的经验和大脑发育前不需要接受大班级规模的公共教育。

当综合引导成为必需时，主班教师常常是团队的队长，但期望并鼓励团队为了幼儿的利益和鼓励型共同体一起工作。教学团队模式不是自动的，它需要远见和主班教师的互动鹰架式教学与示范。尤其是在充满挑战的时候，需要更坚定和友好的领导力。幼儿遇到的冲突越严重，教学团队就越需要合作。当情况需要时，这些专业带头人会扩大团队，扩大后的团队包括家庭成员、机构中的其他专业工作者，有时还包括来自外部机构的专业工作者。齐心协力的、有爱心的成人可以完成他们不能也不应该单独完成的任务。

讨论问题

专业的早期教育工作者的基本素养之一是尊重幼儿、家长和其他同事，并尊重他们的隐私权。在完成下面的活动时，请注意尊重所有当事人的隐私。

1. 你见过七项引导措施中的哪一项被一个有爱心的专业的早期教育工作者有效地使用过？在保护各方隐私的情况下分享一个例子，并说一说你为什么认为这是一个很好的关于有效引导的例子。
2. 在这七项引导措施中，让你感觉最舒服的是哪一项？你用过或看到过的哪几项似乎是通常使用的？
3. 七项引导措施中，哪一项对你来说是最具挑战性的？分享你为什么以及如何（或是否）开始使用这些措施的想法。

核心概念

核心概念的定义见本书第 205—213 页的术语表。

- 合作（collaboration）
- 冲突调解（conflict mediation）
- 接触谈话（contact talk）

- 冲突调解的五指法（five-finger formula for conflict mediation）
- 团队会议（group meetings）
- 引导性谈话（guidance talk）
- 被动熊抱（passive bear hug）
- 教学团队（teaching team）

第三章　一个为了每个儿童的鼓励型学习共同体

罗莉（Rorey）29 个月大，在托儿所里她通常是一个十分活跃的孩子。但因耳朵感染，她周三、周四和周五没能去托儿所。家庭医生给罗莉开了抗生素，告诉罗莉的妈妈布鲁克（Brooke），罗莉在自己感觉好点的时候就可以回到托儿所。星期一，罗莉觉得自己能去托儿所了。布鲁克打算让罗莉与她亲爱的爷爷一起再待一天，但罗莉坚持说：“去看达西亚（Dacia）。”

把罗莉带进托儿所时，布鲁克感到很抱歉。达西亚老师笑着说：“我们经常遇到这种情况。我们会看着罗莉，确保她不会太累。你可以随时打电话来了解她的情况。”当布鲁克和达西亚讨论这件事时，罗莉已经在游戏桌上忙了起来。

一个**鼓励型学习共同体**（encouraging learning community）是孩子即使生病了也想去的地方，而不是孩子即使身体好也不想去的地方！鼓励型学习共同体开始于专业的早期教育工作者的头脑中。为了创建一个友好的共同体，让所有人都觉得自己被接纳并且完全有能力进行学习，成人始终在实施各种引导。

本章将探讨有效的早期学习共同体（effective early learning community，

EELC）的五个特征：

1. 是关系丰富的；

2. 接受幼儿通过身体进行学习；

3. 超越规则，转向引导；

4. 促进创造力；

5. 有文化能力。

特征1：是关系丰富的

我们早些时候谈到了专业的早期教育工作者与团队中的幼儿建立积极正面关系的重要性。作为逻辑课程和心理性儿童之间的调解人，教师需使用肯定（明确的称赞）和接触谈话来建立信任，增强幼儿的安全感和归属感（DLS1）。对于团队中的所有幼儿，专业的早期教育工作者都致力于维持DLS1和DLS2作为增强与成长相关的民主生活技能运动的基础。

即使幼儿卷入冲突，成人也会采取引导措施，尽管这种做法很坚定，但它仍然支持积极正面的关系。教师们仍然坚持不应造成伤害的引导原则，但他们在教授这一原则时是坚定而温和的，而不是坚定而严厉的（Watson，2003）。

认识到幼儿的天然社会团队是家庭，成人努力在托管和教育环境中复制这种团队风格。对我来说，这意味着将“**家庭式团队**”（family groups）作为一种基本的组织模式，由少数几个常常是混龄的幼儿和同一个主要护理人一起工作的稳定团队组成。其中有一些成人可能没有教师资格证书，但他们与一位有资格证书的主班教师一起工作。建立家庭式团队的部分标准是确定哪些成人与哪些幼儿关系好。一个人不需要有学位就可以和幼儿建立积极正面的关系，领导一个小团队。

采取引导策略的专业早期教育工作者认识到，幼儿和大型团队不是天生的一对。简短的互动（通常是音乐性的）与活跃的大型团队在项目中有着重要的地位，互动团队会议也是如此。做得好，有助于培养团队精神。但很多精于技巧的早期教育工作者认为，在大型团队中必不可少的许多活动——天气预报、制定日程表、讲法兰绒板故事、仪式化阅读、通过按顺序传递来分享一个有趣的物品，其实在家庭式团队中能做得更好。如果下一个年龄阶段的教师坚持要做延伸到全班的活动，那么需要孩子们再大 1 岁，并且大多数教师会把难度调低一些。

玛拉（Myra）老师在公共图书馆找到了一本旧的经典绘本《我是一只兔子》。午饭前她给家庭式团队的 7 个孩子读这本书。在某一页上，兔子尼古拉斯（Nicolas）躺在一片植被茂密的田野里，仰望着一片乌云密布的天空。

一个孩子指着页面底部的一个小草莓。萨姆（Sam）说：“看那个莓子。”“是的，”玛拉说，“那是一个草莓。”“我知道，”萨姆回答，“我和爸爸摘莓子。我爸爸把他的鼻子凑上去闻花香，一只蜜蜂来了，蜇了他的鼻子！”（哎哟！）

孩子们和玛拉分享着有关蜜蜂的故事。最终他们回到了绘本上。玛拉对这次对话感觉很好。孩子们正在练习语言技能，包括说和听、词汇积累、排序和理解，更不用说有意义的自然概念（包括蜜蜂的价值）。她意识到这段对话以及随后的学习在有 18 个孩子的整个团队中是很难实现的。在她的家庭式团队中，这本绘本以一种她没有预料到的方式为孩子们带来了活力。

特征 2：接受幼儿通过身体进行学习

幼儿通过身体进行学习，从探索大肌肉运动到尝试手眼协调，再到利用工具和材料进行练习。限制活动，例如过分强调规定的切割、着色和粘贴以及被动地坐着的活动，对幼儿来说是不自然的。作为年幼的哺乳动物，幼儿天生就很活跃，他们需要通过行动来进行学习。

许多幼儿园教师受到了影响，认为他们的工作就是使幼儿社会化，让幼儿必须坐下来遵循课堂指示。在该领域日益增长的一致看法挑战了这一传统观念（Copple & Bredekamp，2009；Martin & Slack，2015；Sanders，2002）。教师控制幼儿天生的站起来活动的冲动，已经导致了太多的“我反对你”的课堂场景。虽然少数幼儿可能会顺从这种在发展上不恰当的期望，但更多的幼儿则不能。另外，俗话说：“久坐如同吸烟。”其危害对幼儿也是如此。

虽然男孩似乎更甚，但男孩和女孩都会在这种“心重于身”的课堂上感到痛苦（Martin & Slack，2015）。一些精于技巧的教师甚至用一个术语来形容他们在那些还没有准备好参加幼儿教育课程的男孩身上看到的注意力时间短、焦躁不安、漫无目的和吵闹等行为，他们称之为“男孩行为”，这实际上是对许多男孩天然的活动需求和全天候的活跃感觉的一种含蓄的批评。这些成人还没有认识到，表现出这些错误行为的幼儿（女孩和男孩）正在以发展上恰当的方式对发展上不恰当的期望做出反应（Gartrell，2012）。幼儿的这些错误行为实际上是由精于技巧的教师使用的不恰当做法导致的。

【以下是丹（Dan）和凯瑟琳·桑斯滕（Kathleen Sonsteng）发表在 2008 年 3 月的《幼儿》杂志《引导事项》专栏上的文章。感谢全美幼教协会（NAEYC）允许我使用此材料。】

5 岁的雅各布（Jacob）在我［杰基（Jackie）］任教的幼儿园上学。雅各布经常挑起与同伴们的打闹，有时会让他和同伴们陷入困境。有一天，在户外活动时间，雅各布想用泡沫足球玩接球。尽管不擅长运动，但是我还是抓住机会，希望能和他进行一对一的谈话。

雅各布：杰基，你想和我玩接球吗？

杰基：当然，我很想和你玩接球游戏。（我们开始抛球。）你喜欢玩接球。

雅各布：我一直和爸爸玩。他玩得很好。（雅各布抛出了一个非常好的螺旋。）

杰基：哇！抛得真好。你是怎么做到的？

雅各布：你把手指放在这些花纹上。（雅各布走过来，告诉我手指应该放在球上的什么位置。）

雅各布：你这样做。然后你抛球。我爸爸教我怎么扔。这就是四分卫投球的方式。（雅各布把球狠狠地抛给我。）

杰基：嘿，你抛得真厉害！

雅各布：是的，我知道。我锻炼我的肌肉。我做这样的俯卧撑（向我展示手臂的动作），我还做这些事情（做仰卧起坐的样子）。我爸爸也这么做。他一直这样做。

杰基：那么，雅各布，你还喜欢玩什么？

雅各布：我玩橄榄球、棒球、足球和篮球。

（我等他继续说。）

雅各布：我喜欢玩游戏。我喜欢下棋。下棋是这样一种游戏，你有一些小圆片，它们是红色和黑色的。你走并跳过其他人，把他们的小圆片拿走。（他跳起来进行说明。）（我们继续玩了一段时间。）

雅各布：你想坐下来玩接球吗？

杰基：当然，如果你想的话。（我坐在长椅上，雅各布站在1米开外。我们又开始玩接球了，雅各布现在变得更温和了。）

埃米莉（Emily）老师：好了，大家该进教室了！

杰基在这里学到了幼儿教育者日渐认识到的东西：包括大脑发育在内的儿童健康发展依赖于身体活动。从使用运动技能的乐趣到增强大脑和身体的血液循环，从防止肥胖到形成观念——体育活动的益处使之成为日常安排中的一项必需活动。当雅各布描述下棋方法并提议杰基坐下时，他展示了认知、语言甚至情感的社会学习。

因为杰基大胆地走出了自己的舒适区，加入了雅各布的体育活动，这个经历对杰基和雅各布都具有丰富的教育意义，通过共同经历，杰基对雅各布了解得更深入了。在未来，她可以与教师谈一谈，利用游戏和增加的体育活动，帮助雅各布和他的伙伴们更加持续地参与日常活动。

接纳激烈的活动

一些教师担心，如果激烈的活动被允许，就会蜕变为攻击性游戏，会有幼儿因此受到伤害（Carlson，2011）。许多教师目睹过**超级英雄现象**（superhero phenomenon），幼儿扮演着虚构的英雄角色，往往变得富有攻击性。通过使用团队会议来定义和设置对打闹游戏的限制，可以减少问题的发生。

在一次关于“只许友好触碰”的团队会议之后，一位教师发现这个讨论在操场上发挥了很大的作用。他遇到了四个男孩的一场世界摔跤联合会式的比赛，其中一个坐在上面大叫！教师提醒孩子们友好触碰意味着什么，在他的帮助下，孩子们决定与隐形太空入侵者进行搏斗。四个人厌倦了假想的摔跤，很快就进行了响应，虽然仍是大肌肉游戏，但是也不带攻击性色彩。

有两种做法可以帮助教师在解决幼儿玩打闹游戏的需要和限制游戏中的攻击性之间保持平衡。首先，为幼儿制定明确的引导原则，以确保每个人的安全；其次，促进富有想象力和创造性的游戏，使其超越“专注于暴力行为的狭隘脚本游戏”（Levin，2003，p.62）。上面例子中的教师使用了这两种方法。

因为幼儿是“活跃的动物”（一名课堂志愿者曾经这样评论过），所以我们知道，在学习计划中包含激烈的游戏是必不可少的。一位教师针对一个特别活跃的由 18 名幼儿组成的团队（其中包括 14 名男孩）采取了以下步骤。

- 把所有的家具都移到离墙约 1 米远的地方，在四周贴上一条彩色胶带。教师召开了一次团队会议，介绍新的步行道在上午的自由选择时间开放。步行道每天都在使用，尤其是有几个幼儿一直在使用。在教师提醒大家步行道是用于步行运动而不是跑步之后，它就经常被使用。
- 在后勤区旁边建了一个健身中心。在一次介绍性的团队会议上，教师们认定男孩和女孩都会使用这个中心。中心包括：一个举重台和一辆在车行大甩卖时买的固定式自行车；由一个缩短的扫帚柄和两个 1.9 升的、装满蜡的塑料罐制成的重物；一个平衡木；一台迷你踏步机（孩子们要使用的话必须通过能力测试）。健身中心在自由选择时间开放。男孩们和女孩们经常会去这个健身中心，其中包括一群健身爱好者。
- 除了调整房间以容纳活跃的团队外，教师每天早上还会把幼儿带到室外或活动游戏室。这时没有其他人使用这些设施。她发现这个时间表的改变确实有助于幼儿和她自己的肌肉运动和血液流动。教师林内（Lynnea）特意加入幼儿的队伍中（就像杰基在上面所做的那样），并开玩笑说她的新方案成了她保持身材的方法！（不是个坏主意，对吗？）她指出，当一些特别活跃的幼儿回到教室后，在自由选择时间他们就直接去迷你踏步机那里玩，且玩得更起劲！她还指出，在这些计划改变后，这个团队变得更充实忙碌，更少焦躁不安（King，2012）。

在这个时代，我们可以承认林内的方案是日益增长的美国反儿童肥胖运动的有效组成部分。出于众多原因，幼儿体育活动对其健康发展至关重要。

特征3：超越规则，转向引导

思考这些在环境中可能存在的学习气氛差异：

- 大厅尽头的一个幼儿小组有“禁止排队时说话”的规定，另一个小组则有“我们安静地排队，这样就不会打扰其他人”的引导原则。
- 一个幼儿园的班级有“不做错误事情”的规定，另一个班级有“错误是允许的，我们只需要从错误当中学习”的引导原则。

在《幼儿》杂志的一篇值得重温的文章中，韦恩（Wien，2004）提出了这样一个观点：规则往往对幼儿共同体没有帮助。规则通常以否定某种行为的方式来表达。事实上，大多数规则的措辞方式，似乎意味着成人希望幼儿打破规则（Wien，2004）。例如，有了“禁止打架”的规定，教师们常常倍感压力，需要对这种行为保持高度警惕。只有当幼儿的行为真的发生时，他们才能无视行为或惩罚孩子，这确实是非常有限的选择。即使规则并不完全是消极的，比如“对你的朋友好一点儿”，它们也可能在教师的头脑中形成一个未说出口的“否则的话”的暗示。

当一个成人对幼儿执行规则时，幼儿知道他们做错了什么。然而，在规则执行方面的负面经验并没有教会他们该怎么做（Readdick & Chapman，2000），正如一个成人所说：“你知道规则。禁止打架！坐到冷板凳上去。”由于忙于安慰受害者和惩罚犯错者，成人很容易忘记教幼儿运用积极策略的重要性，比如使用语言或找教师，而不是动手打同学或被同学打。

规则太容易把教学降低为优先强制执行。规则执行导向可以使教师比他们真正想要的更加严格，规则可以使教师在心理上给幼儿贴标签，把他们进行分组并相应地执行规则。他们发现自己对大多数遵守规则的幼儿、那些被贴上好标签的幼儿宽容，而对经常违反规则的幼儿、那些被贴上淘气标签的幼儿严格。请记住，“暂停”实际上是从团队中暂时被逐出，是一种令人感到羞耻的惩罚方式（Readdick & Chapman，2000）。研究表明，经常受到规则惩罚的幼儿会感到被排斥，产生消极的自我印象，在学校和生活中可能会长期有攻击性问题（Ladd，2008；Ettekal & Ladd，2015）。这些幼儿太容易陷入“压力—对抗”的循环中。

转向引导原则

制定引导原则的目的是教幼儿使用它们。例如，根据“我们与伙伴们友好相处”的引导原则，成人可以让生气的幼儿平静下来，然后教幼儿如何用更友好的语言来表达自己的感受［这种教学建立在一种积极的成人与幼儿的关系基础之上，成人一直在努力改善这种关系（Watson，2003）］。从这个意义上说，引导原则不仅仅是一种常被误解为允许的规则。当幼儿有伤害他人的危险行为时，教师在使用引导原则时要坚定而温和。

在教学引导原则中，引导性谈话和冲突调解等实践与团队会议一起很好地发挥了作用。教师期望幼儿一直都能遵守引导原则，而不仅仅是在某些时候。引导原则界定了教师帮助幼儿（有时甚至是教室里的其他成人）学习和运用技能的积极期望。

当成人确立这些积极期望时，他们会教给幼儿在公民生活中所需的技能（Copple & Bredekamp，2009）。根据“我们与伙伴们友好相处”的引导原则，一个幼儿推断说：“请分享这些记号笔。”也许在教师的关注下，这个评论会引发对话和问题解决活动。这种互动方式肯定比要求、拒绝、抓住、推开以及教师强制执行“禁止打架”的规则要好得多。

对于婴幼儿来说，引导原则是教师头脑中的期望。教师在教学亲社会行为时始终参考和示范引导原则。举一个例子，教师说：“友好地接触，弗雷迪（Freddie）。”——教师帮助弗雷迪学会轻轻地拍另一个孩子。

对于一些年龄较大的学前儿童来说，写作和张贴指南（与儿童一起）提供了功能性识字活动以及快速的视觉提醒。这里有四个在学前班和小学使用的引导原则的例子。（在任何水平上过多使用都会使事情变得复杂。）

- 我们对别人和对我们自己都很友好。
- 我们一起解决问题。
- 我们互相倾听。
- 错误是允许的，我们只需要从错误当中学习。

一个开端计划班级只有一个引导原则：“我们与伙伴们友好相处。”（与“同学”一词一样，这些教师更喜欢使用“伙伴”，而不是“朋友”一词。他们尊重孩子们拥有定义自己朋友关系的权利。）

向积极的方向发展需要教师从精于技巧的工作者转变为专业的工作者。一名精于技巧的教师负责执行规则的任务。相比之下，一个专业的工作者会根据理解和引导的使命不断地对情况做出判断，而这种使命在很大程度上得益于使用超越规则及其包容性的引导原则。

在成为更高效的专业工作者的过程中，教师需要信任并提高自己的观察、沟通和建立关系的技能。改变往往需要一些勇气，从教师的头脑开始。成人在教的同时也在学，这对鼓励型学习共同体中的幼儿和成人都是一件好事。

【上一节改编自我 2012 年 1 月发表在《幼儿》杂志《引导事项》专栏上的文章。感谢全美幼教协会（NAEYC）允许我使用该材料。】

特征 4：促进创造力

在 20 世纪下半叶，一些睿智的心理学家以预测最近的关于压力和压力管理对个人生活影响的神经学研究成果的方式发表了关于人类发展的文章。亚伯拉罕·马斯洛（Abraham Maslow）和卡尔·罗杰斯（Carl Rogers）是其中两位心理学家，第三位是埃里克·埃里克森（Erik Erikson）。埃里克森（1963）以其对人一生中八个主要的人生挑战的构想而闻名，他指出：个体在整个生命周期，从婴儿到老年都会经历这些挑战。前四个挑战发生在儿童时期，表明支持儿童生理和心理需求的人际关系的重要性。有了足够好的养育（这不一定是完美的），在专业的早期教育工作者的支持下，儿童应对以下四个发展性挑战而走向健康：

- 婴儿期的信任对不信任；
- 幼儿期的自主性对羞耻和怀疑；
- 学前期的主动性对负罪感；
- 童年中期的勤奋对自卑。

注意，每一个挑战都要求发展中的儿童在生活中冒险前进。但是只有在儿童通过了由积极关系编成的安全网后，才能成功获得健康水平的信任、自主性、主动性和勤奋（Erikson，1963）。自主性、主动性和勤奋都需要儿童的有意行动和成人的支持性反应。（对这位老顽童教授来说，相似之处很明显，儿童需要满足前两种基于安全的民主生活技能，才能发展接下来的三种基于成长的生活技能。）

通过支持关系（以及由此产生的可控制的压力），儿童会激发掌控动机，并参与开放式的**掌控学习**（mastery learning）——创造力的表达。创造性的学习经历让儿童可以自己去定义自己努力的结果是否令人满意。以下两个场景说明创造力受到抑制和鼓励。请自由推断每个教师的反应对每个儿童的掌控动机和创造力发展的影响。

场景一：下雪了。一位幼儿园教师给孩子们念了《雪人》，然后他们唱了这首歌。教师给孩子们看了一个她做的雪人模型，告诉他们都要自己做雪人。孩子们有雪人各个部分的图纸，但并不是所有人都能正确地把它们剪下来，许多孩子不能把各个部分合适地粘在蓝色纸上。一些孩子说："老师，帮我做吧。"另一些孩子只是停下来，试图去做木工活儿。几个大一点的孩子，主要是女孩，做得相当接近于雪人。两个大一点的男孩正在竭力完成，其中一个出其不意地把最大的一个圆粘贴在页面中间。当教师走过来时，他说："我的雪人一直在做健身。"另一个男孩拿了一些记号笔，把预先画好圆圈的纸翻过来，在上面画了一条有土堆的地平线。他把土堆涂成黄色。教师疑惑地看着这张图片，男孩说："老师，我们做了一个雪人，但太阳使他融化，我的狗来了，尿在上面了！"这两个男孩的图片都显示出非凡的（迷人的）创造力，但在他们的老师眼中，他们做错了。

场景二：下雪了。另一个班的教师和孩子们谈论着雪。教师说，如果孩子们今天去艺术桌，他们可以画一张自己在外面雪地里做喜欢的事情的图。他们甚至可以写一个关于它的故事。她有一张底部有线条的纸，孩子们可以自己画“故事图”。还有棉球、胶水、粉笔、记号笔、各种纸屑和剪刀可供孩子们使用。58个月大的伊芙特（Evette）用这些记号笔画了三座山，中间有树。她在每座山的山顶上画了一辆雪地摩托，每辆雪地摩托上有两个代表家庭成员的轮廓。她在线条上写着“M n M fm wt sn”（我和我的家人去玩雪地摩托）。她使用的是自己创造的词，也就是一些人所说的“发展中的拼写”——读写发展的基础步骤。

44个月大的悉尼（Sydney）拿到白纸后开始剪圆圈。他从教师那儿拿到胶带，用胶带把17个圆圈连成了一长串！他用记号笔在第一个圆上画了一张笑脸。当教师路过时，悉尼站了起来，展示了他近1米高的作品。他说：“老师，这是条雪蛇，不过别担心。他很友好。他不会咬人的。”

那天来到艺术桌的所有孩子都有独特的创作。大多数人，像这两个孩子一样，都有自己的故事。这些图片都不一样，都很特别，因为孩子们都不一样，他们都很特别。请注意表达动机自身的力量，它为创意艺术设定了一个主题，以释放掌控动机并掌控学习，学前儿童也是如此。

幼儿在早期环境中注意到的大多数艺术都源于看绘本和听故事。幼儿自然会遵循这种吸引人的模式创作**故事图片**（story pictures）。开放式艺术是幼儿的博客、论文、诗歌、庆贺和哀叹，是幼儿在纸上自我表达的途径。在幼儿课堂中，我们将创意艺术看作通向健康自主、主动性和勤奋性的途径，将其视为未来几年里创作论文、作品和诗歌的重要引导活动。

有一次我问一个小家伙能不能讲一讲他的图画，他回答说：“丹（Dan），这不是一个可以讲的故事。”我接着说了任何一个活泼的“开端计划”教师都会说的话：“酷，伙计！”（这是前“花花公子”时代。）尽管如此，但是随着你对细节的肯定和欣赏，幼儿经常会告诉你他们的图画是关于什么的。可以将其视为语言的发展，通过创造性的活动和纸上的自我表达，给进行**有意义学习**（significant learning）的幼儿以口头表达的机会。一位教师对一个幼儿说，她的蓝色圆形涂鸦显示了她在努力创作。孩子犹豫了一下，回答说：“是的，这是我爸爸穿着泳衣在游泳。”很高兴这男子穿着他的泳衣。

研究生兰迪（Randy）的观察：孩子们早上 8:30 左右开始到幼儿园，我在他们进来的时候跟他们打招呼。他们似乎很高兴接受我的问候，我看着他们分散到教室里的不同中心。一个男孩有兴趣和我聊一聊他涂色的一幅画。

［拉马尔（Lamar）伸出手把他的画递给我。］

兰迪：哇！看起来你用了很多绿色。

拉马尔：嗯，是的，青蛙是绿色的。

兰迪：它们是绿色的，不是吗？

拉马尔：是的。

兰迪：你用绿色涂青蛙，这里涂了蓝色，这里涂了棕色。（拉马尔笑了。）

拉马尔：是的。背面也有一张图。

兰迪：你用了什么颜色？

拉马尔：我用了不同的颜色！

兰迪：我确实看到了不同的颜色！黄色、粉色和黑色。（拉马尔微笑地看着我，流露出骄傲的眼神。）

拉马尔：我要把我画的画送给你。

兰迪：谢谢！我会把它贴在冰箱上。（拉马尔抬起头来，惊讶地笑了。他看起来对我会把他的画放在我家里感到很高兴。）

反思：我真的很紧张，我可能会给拉马尔“做得好”之类的赞扬，而不是鼓励他继续做好他的工作。我喜欢表扬别人，有时我不得不小心，以免让他们感到难堪，或让他们觉得不舒服。当教师开始使用鼓励时，他们会发现有时很难知道该说什么。尤其是当儿童的艺术是前写实的时候，教师会失语。一开始我自己也有这种感觉，我试着远离“哦，你真会涂色”这样的话，我试着用不同的方式看拉马尔的画，并找出其中的独特之处。

当拉马尔把画送给我带回家时，我发现他对我们谈话的方式感到很自在。那时我就知道他为自己的作品感到骄傲，他似乎很兴奋地给我看他画的其他画。那一天，在团队活动时间，他坐在了我旁边。

【上一节改编自我2012年1月发表在《幼儿》杂志《引导事项》专栏上的文章。感谢全美幼教协会（NAEYC）允许我使用该材料。】

母亲节快到了，在家庭式育儿中心工作的玛西（Marci）不想做正面印有手印、里面贴着影印的“玫瑰是红色的，紫罗兰是蓝色的。今天是母亲节，我爱你”短笺的标准贺卡。

她剪下不同颜色的纸，把纸片折成空白卡片，鼓励孩子们自己制作母亲节贺卡。42个月大的格琳娜（Glynna）到艺术桌上做了一张贺卡，非常小心地在正面画了大大小小涂鸦而成的人物，他们手拉手，面带微笑地看着对方。（这些人像是容易辨认出的“头”，上面有一些附属物：腿、妈妈的卷发、笑脸、手臂。）她在贺卡上写了三行字（潦草的书写），并用一个字母“G”签上了自己的名字。

玛西称赞了格琳娜贺卡上的细节，并评论道：“并不是所有的大人都能读懂孩子们写的东西。我把你想写的写下来，这样你妈妈可以看懂，你愿意吗？”

格琳娜回答说：“好的。上面就写：‘今天是母亲节，妈妈，但我每天都爱你！’”

我在这里给你们提出的挑战是，将材料盒子里真实模型的图片藏起来，用白纸代替填色本，将教师制作的让幼儿复制的模型收起来，将幼儿从成人强加的他们还不能达到的标准中解放出来，让他们自己创作图画。为幼儿提供口头鼓励和有趣的材料。让幼儿利用他们的自主性、主动性和勤奋去创造自己的作品。随着时间的推移，你会看到幼儿在纸上的表达越来越自信，越来越有创意。然后微笑吧，因为你已经培养了幼儿的掌控动机、有意义学习和创造力的成功表达。

特征 5：有文化能力

在我看来，**文化能力**（cultural competence）意味着对那些可能在身体上、种族上、文化上和语言上与教师不同的幼儿共同体成员的认知和社交反应能力（智慧与道德）。我冒着刻板印象的风险来解释一下，如一个亚裔传统家庭的幼儿似乎特别渴望在课堂上取得成功。专业的早期教育工作者的反应不是“我的天哪，这些人如此努力地鞭策他们的孩子”，而是“我的天哪，这个孩子看起来真的很努力。我如何才能帮助这个孩子达到令人满意的目标，并且仍然会觉得仅由于自己的存在就是有价值的？”。答案很可能始于与幼儿和家人建立积极正面的关系。

“**反偏见教育**”（anti-bias education）是德曼·斯帕克斯（Derman Sparks）和爱德华兹（Edwards）（2010）使用的经典术语，意思是指成人有意识地教导幼儿要接受他人的反应，不管他们的独特个性如何。教师尤其需要树立榜样，去接受那些易受羞辱的幼儿（与团队的消极社会隔离）。教师们拒绝“**沉默的力量**”（power of silence），就是因害怕“说不出正确的话”而在压迫性的互动面前保持沉默的倾向（York，2016）。

与此相反，对那些容易受到羞辱的幼儿，成人实行**释放教学**意味着永远不放弃任何一个由教师负责的学生。教师积极地帮助那些有被羞辱风险的幼儿克服他们可能面临的伤害。种族、卫生、残疾、外貌、性别和行为问题往往是由课堂冲突引起的，所有这些问题都可能导致一个人或多人羞辱另一个人。污名化意味着压迫另一个人并以消极的方式将其从团队中分离出来，这是对另一个人满足 DLS1 的攻击（Gartrell，2012）。

一天午餐时，在一家儿童看护中心里，4 岁的马丁（Martin，欧裔美国人）发现自己将会坐在印第安人小朋友布兰登（Brandon）旁边时，就不情愿地走到桌子旁。马丁对有经验的教师贝卡（Becca）说："我不愿意坐在布兰登旁边。他有脏皮肤。"

贝卡抱了抱布兰登，在他耳边小声说："你没有脏皮肤，布兰登。人们有不同的肤色，这是一件好事。我要和马丁谈谈。"

贝卡走到马丁跟前，蹲在他旁边，说："布兰登不脏，马丁。他只是皮肤颜色比你的更深。很多人有不同的肤色，这是一件好事。在我们班上最重要的是每个人对其他人都很友好。"当她这么说的时候，她把马丁领到椅子旁边，接着说："布兰登，你能把牛奶递给马丁吗？"布兰登做了，马丁不情愿地感谢他。休息时间后，马丁和布兰登玩在了一起，这让贝卡脸上露出了笑容。

主班教师卡拉（Karla）称赞了贝卡对这一情况的处理。那天下午晚些时候，当马丁的爸爸来接他时，卡拉注意到贝卡在走廊上单独与他谈话。之后，卡拉问贝卡他们谈了什么。贝卡说："我告诉他，马丁说一个印第安人小朋友的皮肤很脏。我认为他爸爸可能会想知道，这样他爸爸就能强化我们在班上对孩子们说的话：人天生就有不同的肤色，这是自然的，重要的是我们都很友好，相处融洽。"

卡拉思考教师对家长是否应该如此大胆地表达意见。卡拉总结说，通过如此直率地与马丁的爸爸交谈，贝卡已经做了一些她自己觉得很难做的事情——“最好是保持沉默”。当马丁第二天早上来了之后，再次与布兰登一起玩时，卡拉意识到贝卡已受到释放教学的积极影响。

在一间4岁孩子的教室里，斯蒂芬（Stephon）、安德鲁斯（Andrus）和沃森（Voshon）在扮演消防员，把梯子当作消防站，把表演区当作着火的房子。夏琳（Charlene）踏上梯子，想加入这个游戏，但斯蒂芬对她说：“你不能成为消防员，因为你是女孩。只有男孩才能成为消防员。”夏琳皱着眉头，尽管她想和他们一起站在梯子上，但男孩们对她大吼大叫。夏琳坐在地板上，看上去很生气。目睹这件事的玛雅（Maya）老师坐到夏琳旁边，用胳膊搂住她：“你看起来很沮丧，夏琳。”夏琳含着眼泪叫道：“我也想玩！女孩可以救火。”“是的，她们可以，夏琳，”玛雅回答，“你说得对。女孩和男孩都可以成为消防员。让我们和男孩们谈谈。”

她们走到梯子那里，玛雅说：“嘿，伙计们，你们还记得我们读过的关于消防员的书吗？男人和女人一起灭火。这就是为什么我们称他们为消防员而不是男消防员。”斯蒂芬回答说：“但是这个游戏是给男孩玩的，老师。”玛雅用一种平和、友好的口吻反驳这一说法：“我们的课堂规则是男孩和女孩要一起玩。你不想让夏琳和你们一起玩，她很不高兴。这样夏琳怎么能帮你扑灭这场火呢？”

斯蒂芬看着另外两名消防员耸耸肩说：“夏琳可以在卡车后面驾驶，你也必须在那里驾驶。看，着火了！”四个孩子跑到被当作消防车的木凳上。沃森递给夏琳一顶头盔。夏琳在后面驾驶，咧嘴笑了。

当他们救火的时候，夏琳看到了两个娃娃，把它们捡起来，放到消防车上。“我在救宝宝们。”她喊道。“夏琳救了宝宝们！”其他消防员喊道。在返回消防站的路上，夏琳坐在消防车中间，骄傲地抱着她救下的宝宝们。四个消防员一起玩到了整理时间。

整理过后，玛雅和夏琳单独聊了一会儿，然后和那三个男孩聊了一会儿。玛雅老师提醒孩子们，男女都可以是消防员。她称赞夏琳要救宝宝的想法，并鼓励这三个男孩记住，下一次男孩和女孩要在学校里一起玩，包括当消防员。

后续：玛雅和她的同事玛戈（Margo）以及助教达留斯（Darius）谈论了这一事件。她告诉他们，当男孩们因为夏琳是个女孩而想排斥她时，她是如何干预的。小组一致认为，在两性平等问题上采用坚定而温和的引导是重要的。玛戈建议应和其他孩子讨论关于性别排斥问题。他们决定在第二天的团队会议上讨论这个问题。达留斯给了玛雅一个消防员朋友（一个曾经来过这所学校的女消防员）的联系方式。

在接下来的一周，这名消防员去看望了这些学前儿童。她穿着便服来到教室，在全体幼儿参与讨论时，她穿上消防服并演示她的消防装备。教师请消防员与全班幼儿一起合影。他们把照片放在图书角里，那里还有关于社工人员的男女比例平衡的书籍。同一天，玛雅注意到夏琳和德拉（Della）在和两个男孩一起玩消防员游戏。教师很高兴她的引导和释放教学帮助了女孩进入男孩的游戏中，也帮助了男孩接纳女孩进入他们的游戏。

【感谢全美幼教协会允许我引用《幼儿》杂志《引导事项》专栏上的逸事，也感谢与我合作撰写第二个专栏《引导女孩》系列文章的莱娜·科尔（Layna Cole）。】

鼓励型学习共同体中的认知发展

对这本书的一个可能的批评是它过于关注社会情感发展，而对认知领域的关注不够。在本书中，我们遵循这样的格言：儿童必须感觉正确，才能正确思考和行动。在幼儿教育中有一个受人尊重的观点，即教育机构要考虑到**完整儿童**（whole child）的各个方面，包括要尊重儿童生活中的情感和社会因素（Copple & Bredekamp，2009）。所有的儿童，尤其是年幼的儿童，都是整体性地学习。从儿童的情感和社会现实开始，当发展领域结合在一起时，他们会学得最好。

在此，我们回到约翰·杜威（John Dewey）的基本观点：教育课程，无论是否正式说明，都必然是合乎逻辑的（Dewey，1966）。宽泛的目的和成果被分解为目标和课程，并根据基本原则（如从简单到复杂）组织起来。但儿童是有心理的生物，而不是机器人。他们从心理上，而不是从逻辑上，通过即时的、充满希望的、每分每秒的经验来进行学习。他们把认知学习融入生命内核的发展动力中，在这个过程中不断改变他们的大脑机能。

专业的早期教育工作者每天都会努力地、合理地安排课程，安排与团队中的孩子紧密相关的时间表、材料、计划的活动、物理环境，甚至评估过程。杜威指出，通过这种方式，课程与儿童不断增长的经验和兴趣相结合。对我来说，这种实践是发展适宜性教育的本质。有意义的认知学习发生了，但它是自然逐渐发生的，是儿童动态发展中的一个关键的整合过程。

47 个月大的埃德娜（Edna）和伙伴们正沿着一条到公园的繁忙街道走，她落在了后面。我留在后面陪着她。当他们接近一个转角时，拜伦（Byron）老师回来找埃德娜。大伙儿等着。拜伦发现埃德娜弯下腰，绕着圈子，在观察一只蚂蚁！他称赞了她的行为，然后帮助她赶上队伍。

到达公园后，拜伦和埃德娜进行了一次安全引导性谈话。意识到这是第一级错误行为，拜伦提醒埃德娜要与团队在一起的原则。但他也说：“你真的在观察那只蚂蚁，是吗？”埃德娜回答道：“是的，我喜欢蚂蚁。它们很忙，很忙，很忙。”拜伦后来和主班教师谈了这件事。她咧嘴大笑，摇摇头说：“那就是埃德娜，总是忙着做自己的事，就像蚂蚁一样！”

第二天，拜伦带来了一个蚂蚁农场和图书馆里有关昆虫的书籍，供埃德娜和其他孩子学习。拜伦和埃德娜与团队中的其他一些人一起在操场上收集虫子，在书上查找，并在他们的科学期刊上制作关于虫子的故事图片。（拜伦解释了为什么他们不能把虫子放到蚂蚁农场里——这是一间和平的教室。）两个成人都不曾看到过埃德娜在项目活动中和同样忙碌的伙伴们一起如此开心过。

对于拜伦和他的主班教师这样进行引导的专业工作者来说，埃德娜对蚂蚁的兴趣是值得称赞的，只是出现得不是时候。（精于技巧的教师对埃德娜的反应应该是无视埃德娜的爱好，只是责骂她离开了队伍。）在我看来，第二天与该团队合作开展的关于昆虫的生成课程活动意味着这些专业教师不仅完成了类似于将酸橙制成酸橙汁这样量的变化，甚至还制成了酸橙馅饼，这样的变化不仅是为埃德娜准备的，也是为该团队里的其他孩子准备的。

激发意愿

发展适宜性教育的标志是儿童有能力和意愿参与课程的逻辑结构，并体验虽然不总是能成功但是有意义的学习成果。这种学习发生在鼓励型学习共同体中。可以这么说，在鼓励型学习环境中，所有的孩子都能做到以下诸方面。

- 在 DLS1 和 DLS2 方面取得进步：他们已经获得了足够的自我意识和管理情绪的能力，能够与其他人进行最有效的互动。
- 对材料和活动足够感兴趣，以便在学习过程中充分参与（激活**掌控动机**）。

- 通过充分的参与，开始致力于发展DLS3、DLS4和DLS5：创造性地、独立地或与他人一起解决问题；接受他人独特的个性；开始以明智和合乎道德的方式行事。

在一个鼓励型学习共同体里，儿童感到有足够的兴趣去参与学习活动，并对这种积极学习的体验很满意，这种体验会一直伴随他们。以下两则有关音乐经验的例子表明，教师正在努力为他们所照顾的儿童建立一个鼓励型学习共同体。

音乐例子1：50个月大的姐姐和39个月大的弟弟，与他们的家人从一个很大的奥吉布瓦族社区搬到了明尼苏达州北部一个相对多元化的大学城。他们就读的幼儿园使用的是婴幼儿乐队乐器。乔迪（Jodi）和夏延（Cheyenne）各拿起了一根节奏棒。他们没有双手一起击打节奏棒，而是随着音乐节奏准确地击打地板上的单根棍子。夏延用他那只空着的手捂住了耳朵。

来自同一个奥吉布瓦族社区的助教贝蒂（Betty）老师认识到，他们使用节奏棒就像敲打礼鼓，她忍不住笑了。后来贝蒂老师和克里斯汀（Kristin）老师讨论了孩子们使用节奏棒的独特方式。贝蒂与孩子们的父母也进行了谈话。

几天后，克里斯汀向大家说明，他们将有一些特别的客人到访——乔迪和夏延的爸爸和姐姐，他们将分享对两个孩子和他们的家人来说很特别的音乐。爸爸带来了一只鼓，演奏它，并用奥吉布瓦语唱歌。姐姐卢埃拉（Louella），在跟班上的同学们打完招呼后换上了她特别的铃铛裙跳舞。每个人都拿到了节奏棒，在乔迪和夏延的带领下，他们随着音乐在地板上击打。许多孩子和成人与卢埃拉一起跳舞。

音乐例子2：在集体音乐时间分发乐队乐器时，克里斯汀老师注意到孩子们经常为谁得到了什么而争吵。她还注意到一些孩子对使用这些乐器特别感兴趣，不想在课程结束时交回来。由于该教育机构位于地下室，在其大房间旁边有较小的房间，克里斯汀和贝蒂获得允许，在成人在场的自由选择时间开放一个相邻的小房间作为音乐室。

在这个房间里，教师们放置了乐队乐器、一个带耳机的键盘（音量预设为安全水平）、一个倒置的大塑料桶（容积约为19升）和鼓槌。他们希望有兴趣玩音乐的孩子能获得有意义的学习经验。这意味着不是由不同的乐队轮流使用5分钟，而是在自由选择时间之前完成登记表登记，申请某一乐器的人可以在当天的整个自由选择时间内使用该乐器。使用结束后，他们才去找名单上的下一个人。

乔迪、夏延和其他许多孩子经常选择使用鼓（伴随着奥吉布瓦语仪式歌曲录音）。54个月大的塞尔达（Zelda）喜欢玩键盘，每次她都会报名。贝蒂和克里斯汀很惊讶地发现，不久，塞尔达实际上在演奏和弦和一两首简单歌曲的开头。他们告知了塞尔达的妈妈，她答应在校外为她报一个幼儿音乐班。

这两个例子展示了教师在逻辑课程和心理性儿童之间起到的中介作用，利用生成课程建立一个鼓励型学习共同体。发展适宜性教育允许儿童生发**掌控动机**——这是DLS3、DLS4和DLS5的内在动机特征（Reineke，Sonsteng & Gartrell，2008）。持续的兴趣和对活动的参与使**掌控学习**达到最佳状态，通过学习体验满足大脑的发展需要。

掌控学习只有在深入的经验中才会发生，这些经验会不断重复，直到儿童感到自己能够掌握用一种材料做什么。当掌控学习发生时，儿童对一项活动的注意力持续时间往往比成人长！（想一想你在同一个座位上给同一个孩子读了多少遍同一本书。是谁先厌倦了这本书？）当你有这样的经历时，请笑一笑；在这一天，对这个孩子来说，你创造了一个鼓励型学习共同体。

有意义学习

我们可以用卡尔·罗杰斯（Carl Rogers）提出的**“有意义学习”**（significant learning），将当前令人满意的学习经验与儿童未来的生活联系起来（Rogers，1961）。有意义学习是儿童在原有学习环境之外的学习。在上述两个例子中，一种持续的音乐经验与一个人的文化和家庭价值观有关，对材料（键盘）的积极掌握经验为未来的发展创造了可能的新途径。

一个鼓励型共同体能够增强幼儿的掌控动机，引发掌控学习，是长期有意义学习的关键（Reineke，Sonsteng & Gartrell，2008）。想一想这样的一些人：小时候喜欢玩乐高，现在是建筑师；小时候喜欢虫子，现在是昆虫学家；小时候喜欢阅读和写作，现在是读者和作家；小时候喜欢音乐，现在是音乐家。在鼓励型学习共同体中，儿童在任何一天所进行的有意义学习都可能会一直陪伴儿童，并对他们的整个人生产生影响。专业的早期教育工作者不只是为了教孩子一天，更是为了教他一辈子。

鼓励型学习共同体：在现代民主制度下终身教学

在鼓励型学习共同体中幼儿最容易生发掌控动机、进行掌控学习和有意义学习。**“共同体”**（community）这个词在这里也很重要。幼儿需要认同与之共享幼年生活的团队。早期教育的“共同体”定义是一个在团结友爱文化中共享关系、价值观、实践、经验和文化的团队。虽然也许并不总是像啦啦队长那样热情，但善于引导的专业早期教育工作者坚持不懈地努力营造包容各方的团队氛围。教师把这个难以磨灭的信息带给了共同体里的每一位成员：你之所以特别，是因为你在我们的团队里。

在教育领域，承担着鼓励型学习共同体使命的教育机构往往是**进步主义教育**（progressive education）的参与者。对过去和现在的许多教育工作者来说，进步主义教育是为了使儿童在民主社会中成为健康的个人和有见识、有生产力的公民。在这样一个“没有任何一个儿童不接受任何测试”的时代，进步主义教育工作者尽可能地帮助孩子获得民主生活技能，而不是在衡量学习成绩的标准化考试中获得高分。

标准化考试是精于技巧的教师驱动学校教育的缩影——在什么样的社会中使学生终生社会化？相比之下，微型介入式**真实性评估**（authentic assessment）系统记录和分析儿童学习的实际样本，并与进步主义教育的内容相协调。通过评估方法、发展适宜性实践和引导性领导，专业的早期教育工作者为鼓励型学习共同体的成员提供了在这个复杂的民主社会的众多共同体中健康的、有见地的和有生产力的生活的基础。

我们有时会认为幼儿学习共同体是由幼儿和一两个专业的早期教育工作者组成的，其实幼儿学习共同体包括更多的人：每一位工作人员、家庭成员、志愿者、咨询专家和与团队有联系的访客。无论是主班教师、课堂管理者，还是主要的家庭儿童保育提供者，都要把共同体所有人都包括在内。事实上，以下章节中的许多引导性实践既适用于幼儿，也适用于共同体中的成人。

讨论问题

专业的早期教育工作者的基本素养之一是尊重幼儿、家长和其他同事，并尊重他们的隐私权。在完成下面的活动时，请注意尊重所有当事人的隐私。

1. 想想一个刚刚开始在教育机构中学习 DLS1 或 DLS2 的幼儿。如果这个幼儿发展到了 DLS3、DLS4 或者 DLS5，成人和幼儿的关系有什么不同？

2. 如果这个幼儿发展到了 DLS3、DLS4 或 DLS5，你认为日常教育计划在帮助幼儿进步方面起到了什么作用？
3. 如果同一个幼儿在学习 DLS1 或 DLS2 方面没有取得进展，你认为这个幼儿或教师不能克服的挑战有哪些？
4. 想想在一个团队中一个或多个幼儿完全投入的创造性活动。你还记得孩子们付出的努力吗？最终的成果或成就如何？对于一个或两个幼儿，你能推测他们掌控学习的结果吗？你能推测他们的有意义学习吗？

核 心 概 念

核心概念的定义见本书第 205—213 页的术语表。

- 反偏见教育（anti-bias education）
- 真实性评估（authentic assessment）
- 文化能力（cultural competence）
- 鼓励型学习共同体（encouraging learning community）
- 家庭式团队（family groups）
- 释放教学（liberation teaching）
- 掌控学习（mastery learning）
- 沉默的力量（power of silence）
- 有意义学习（significant learning）
- 故事图片（story pictures）

第四章　为了儿童的利益与家庭合作[1]

追溯历史，美国传统学校教育的看法为，已入学的孩子与待在家的孩子是不一样的（Souto-Manning & Swick，2006）——在“学校的建立可以帮助家庭中的孩子‘社会性促进’”这样的普遍信念影响下，学校工作人员做出了这样的判断（Manger，1980），这种态度是美国学校历史上“熔炉功能”（Melting-Pot-function）想法的延续（Crawford & Zygourias-Coe，2006）。

在第一次世界大战和第二次世界大战之间，来自欧洲南部和东部的移民让美国人口数量翻倍。这些新来者几乎不会讲英语，对美国知之甚少（Manger，1980）。在此期间，更多地出于政治而非教育原因，美国学校充斥着“将移民美国化”的教育（Locke，1919）。在内政部门的敦促下，低年级的教师通过家访、举行集会（在工作的地方移民女性被召集进行市民化教育）等方式来对移民母亲进行适应教育。来自不同文化背景的个体进入美国社会这个大“熔炉”，被塑造以适应同一文化。

然而，在作为社会规范的“熔炉”之中，很多移民家长、美国少数族裔认为他们在向学校教育“投降”，放弃了作为家长的重要权利和责任（Quiocho & Daoud，2006）。

珍妮特·冈萨雷斯－米纳（Janet Gonzalez-Mena）和上文引用文献的作者一起指出了这个“国家错误”（本书作者的话）破坏了孩子对自己家庭、

[1] 本章内容系根据我的《为民权社会而教育：如何通过引导教授幼儿民主生活技能》（*Education for a Civil Society: How Guidance Teaches Young Children Democratic Life Skills*）一书的第六章修订而成。感谢全美幼教协会允许我在本章使用这些材料。——作者注

对自己作为家庭成员的天然认同（2008）。它倾向于扩大孩子头脑中学校影响和家庭影响的不一致，让孩子在两种时有差异的不同文化中的选择变得困难。很多家长认同把孩子送去学校接受“美国化”教育需要做出的牺牲，也有家长觉得这些牺牲令人难以忍受。

大本（Big Ben）说：“丹，你知道印第安夏季之后是什么季节，对不对？”我在明尼苏达州北部的奥吉布瓦红湖地区执教“开端计划”项目时，本是我们的看门人，孩子们很喜欢他，他也乐于和孩子们玩，常常逗得孩子们开怀大笑。

听到本问这个问题，我知道他的目的，于是我摇了摇头表示不知道。

“是白人冬季！”本爆发出一阵笑声。

本现在已经离开了。在“开端计划”那段时间的接触让我非常了解他——反应敏捷，虽然只有六年级的教育水平，但会讲四种语言。他小时候在家里讲奥吉布瓦语，也就是他的家庭语言。6 岁时他到离家 16 公里外的寄宿学校上学，在学校里有很多规矩，如果讲奥吉布瓦语会遭到体罚，本在学校使用英语，但觉得不会被抓住的时候会和朋友私底下讲奥吉布瓦语。12 岁时，本离开了学校回到家，在一个德裔农场主那里找到了工作，他很快地学会了讲德语。第二次世界大战期间随军在法国驻扎，本又学会了法语会话。有时候我会听到本向围在他周围的小粉丝们展示他的语言才能。

我曾在大学课堂上提到过这位看门人，有学生说，本如果接受了高中、大学教育，会成为一个使用单一语言的人。我同意，有了教育支持本可以成为高中生，然而本却可能成为针对土著家庭的近四百年文化战争的牺牲品。有两个学生接茬：一个说在明尼苏达州北部，她的祖母直到学会说英语而不是只会说立陶宛语才被允许进入学校；另一个学生提到，他的祖父因在学校说了芬兰语而受到敲板子的惩罚。

对那些与教师的家庭文化背景、价值观相似的孩子来说，学校—家庭的文化冲突还不是那么明显，但对另一些家庭文化和学校明显不同的孩子甚至这些孩子的家庭而言，文化冲突实实在在地存在着（Quiocho & Daoud，2006）。

幼儿教育：一种融合的温柔力量

早期教育工作者非常明白学校和家庭合作的重要性，福禄贝尔强调过家访、家庭—教师促进会非常有必要。蒙台梭利创办儿童之家时就定期举办母亲和教导者的面谈活动，这对孩子的进步很关键。她鼓励教导者邀请孩子的母亲到学校近距离地观察孩子的情况。

超越了“母亲应该加入儿童教育中”的期望，詹姆斯·海姆斯（James Hymes，1974）是那些最先开始构建积极的家庭—学校关系，使之更具宽容性的探索者之一。海姆斯和爱德华·齐格勒（Edward Zigler）等作为“开端计划”的关键人物，形成了幼儿教育服务家庭的传统。我建立的家校**互惠关系**（reciprocal relationships）的特殊方法显然受到我参与“开端计划”的影响，希望在本章中，我可以成功地将这种方法应用于早期儿童养护和教育一体化。

如今，父母大多认识到了儿童成长期以及这期间积极的成人—儿童关系的重要性。幼儿教育专家和家庭搭档，帮助儿童保持家庭和学校两个世界的联结和安全。全美幼教协会（NAEYC）关于发展适宜性实践的立场声明如此详尽地陈述了家庭与教师合作关系的重要性，尤其是在家庭和早期教育工作者来自不同文化背景的情况下（NAEYC，2009），其原因正在于此。全美幼教协会并不是要用学校教育取代家庭教育，而是强调了儿童家庭生活的影响（Gonzalez-Mena，2006）。

2009年，哈尔冈塞斯（Halgunseth）和他的同事发表了全美幼教协会的文件《家庭参与、不同家庭和幼儿教育项目的文献综述》（*Family Engagement, Diverse Families, and Early Childhood Education Programs: An Integrated Review of the Literature*）。这个报告详细地阐述了学校是如何采用缺失模型（deficit model）理论看待家长的参与：家长参与学校教育的目的是纠正可能会削弱孩子教育的家庭内在弱点。报告中描述的当代模型建立在家庭与教师通过知识技能互补来教育孩子的互惠关系基础之上。除了早期教育的几年，家庭与学校的合作关系对较大学习者的健康成长和成功教育也非常重要。不管什么时候，家庭与学校的关系都应该是对等的，其中教师承担着发起者和维护者的角色。

接受多样性

第三章讨论过教师如何回应民族、种族、性别多样性，以及这些人与人之间的差异如何使处于学习环境中的儿童存在遭受耻辱的风险。现在让我们再看两个体现人与人之间不同的维度——语言和宗教，它们在当今的复杂社会更常见。这两种因素会影响到教师和孩子、教师和家庭的互动。在高度民主的社会，接受多样性的早期教育工作者会包容对方的不同之处，并奉行四个技巧。

语言差异：第二语言是一个礼物

不同形式的文化多样性在美国社会表现得越来越显著，其中一个形式就是语言多样化。美国人口调查局2010年的一份报告显示，美国有越来越多的家庭在家里说英语以外的语言，2007年这一比例为19.7%（Shin & Kominski，2010）。教师们致力于和母语非英语的家庭建立牢固的关系，以使自己受欢迎。内梅斯（Nemeth，2012）对教师能更有效地融合家庭语言非英语的儿童提出了一些建议。

- 尽可能地请父母和儿童在同一环境中花时间相处。
- 展示时使用能反映儿童家庭文化和语言的图片、语言标志。
- 可以学一些儿童家庭语言中的词汇，请他家庭中的成员帮助翻译或者上网查询翻译。
- 在环境布置中体现出儿童的语言和文化，比如在书里、标签上、洋娃娃上和玩具上等。厨房里也可以增添儿童熟悉的食物、炊具等。

内梅斯还给不会说和说不好英语的父母提供了一些建议，尤其是在出现挑战的时候。在本章的后面，我们可以看到这些针对家庭—教师促进会的建议。

- 在尚未遇到困难时就要寻求与家庭建立积极正面的关系，与父母分享孩子活动的照片和视频是很好的做法。
- 家庭—教师促进会上需要口译员。如果找不到有资质的口译员，可以请信得过的员工或家人帮助。这个人必须了解此家庭的文化和语言背景，最好也有幼儿教育的经验。
- 借助留言板等辅助工具增进彼此的了解，留言板上同时呈现英语和家庭母语的图片和文字。教师和家长可以提出他们希望交流的内容。
- 使用简短明了的语言，以免家长不知所措，对最关键的信息加以强调，保证对方能听明白。
- 共同解决分歧。了解该家庭所关心的事项和优先的选择，弄清楚家庭成员认为重要的事，这一点对教师的沟通来说至关重要。

通过每种交流实践，教师保持“坚定不移地积极”[unrelentingly positive,

玛丽安·玛丽昂（Marian Marion）提出的术语]，以期与所有家庭建立互惠关系，并鼓励孩子的父母参与到家校合作中来，以使孩子在家庭中的学习能和在学校一样好。

把**双语学习**（dual-language learning）视为给儿童的持续性的神经心理之礼物的教师觉得，对于儿童而言，在这样的家庭中双语学习是值得欣然接受的文化力量（Genishi & Dyson，2009）。

语言浸入式小学、幼儿教育项目，以及语言浸入式营地活动，例如明尼苏达州国际知名的康卡迪亚（Concordia）语言村，开始将美国教育的这一方面带入新纪元。凯西·施瓦茨（Casey Schwartz）于2011年8月7日在《新闻周刊》上发表的文章《为什么双语儿童更聪明》里提到，有440所学校（基本上都是从1970年开始）提供语言浸入式课程。美国外语教学理事会（2011）声明，从幼儿期开始进行双语学习会对大脑发育和功能有益，甚至能保持老年的大脑机敏性。我认为，这项研究为美国的教育指明了前进的方向。

宗教多样性：信仰影响力

教师会面对语言多样化这个挑战，有可能是在和一个使用非英语语言的家庭沟通，也有可能是在同时面对使用多种语言的孩子（我最近去过的一家圣保罗幼儿园里孩子们就讲八种不同的语言）。语言差异加上宗教信仰差异，对教师而言是一个令人烦恼的问题。无论具体情况如何，一旦关乎宗教问题的文化回应，教师都应持开放心态接受。

下面的案例出自几年前在我班上读研究生的两位明尼苏达州教师的论文。他们的经历非常相似，得到他们的允许后，我在研究中引用了他们的案例。玛丽·贝丝（Mary Beth，化名）回想起她和一个家庭一起工作的经历，这个家庭是其他教师认为很难相处的。

案　例　一

我工作的第一年，更小月龄的孩子威尔玛（Wilma）在我们幼儿园的班上。有同事提醒我对该家庭保持小心谨慎的态度。这个家庭是某宗教组织的成员，他们教导孩子不要向国旗敬礼，也不要庆祝生日和假期——这是他们信仰的一部分。

这位教师告诉我一个例子。在前一年，那个孩子的父母因她哥哥班级里举行万圣节派对却没有告知他们而感到非常愤怒，尽管他们的孩子并没有参加活动。从那时起，教师都会努力地把接下来要做的事情告诉这家人，但她依然觉得和这家人非常有隔阂，无法合作。

有些时候这个上三年级的哥哥会被同学取笑，他们的妈妈阿丽（Arlys）向学校和教师反映这些事情，但是教师却说她对此无能为力。

这个教师“无能为力”的感受，对我来说可以成为一次个人的挑战，我决定努力和这个家庭接触并建立联系。我有一个惯例，在开学之前向每个家庭发送家庭介绍笔记，然后在学期进行中，轮流为班里的每个孩子记录“快乐报”（在家庭介绍笔记上称赞孩子）。我确保威尔玛每周至少会带着一份“快乐报”回家。这不是一项艰巨的任务，因为我很喜欢看到她满足的样子。在给她带回家之前，我会读每一条记录。我也给她家里打过几次电话，但是只得到录音回复。我留下了消息，希望威尔玛的父母能够友好地对待她。

同事告诉我不要对她家参加秋季家庭—教师促进会抱有期待，但是她妈妈阿丽来了。见到阿丽我非常高兴，她似乎对我的反应更吃惊。我打算让阿丽提出和她们的宗教有关的话题，我想让她明白，我非常重视和家庭的合作，而且她的女儿在我的班级里表现很好。阿丽和我谈论了宗教，我表现得对此也很感兴趣。

阿丽告诉了我有关向国旗敬礼的事，我说对此不用担心，因为要等到年底才会做这件事，因为孩子们太小还不能理解。她笑了。关于生日，就像告诉其他家长那样，我说：更希望孩子们在家里开派对，如果父母乐意，我们可以给孩子戴上生日皇冠。阿丽说威尔玛没有皇冠，但她喜欢我的做法。

我问阿丽她希望我为节日活动做些什么，针对这个问题我们聊了很多。听到她说如果我可以找到除参加活动之外更适合威尔玛的方式时，威尔玛可以留在教室里，我相当惊讶。那年在某种意义上我对节日活动并不重视，还向询问我的父母解释，并不是班级里所有的孩子都会庆祝所有的节日。然而我对节日活动的想法很多。例如在感恩节，我没有让孩子举行选美比赛或制作工艺品什么的，而是开启一个话题，讨论为什么我们要感恩。直到今天，我仍然使用这种做法。

对于这个家庭，我做的最值得骄傲的事还是与向国旗敬礼有关。在4月开始向国旗敬礼之前，我邀请了三位家长与全班孩子一起讨论向国旗致敬对他们意味着什么。一位家长是阿丽，她很好地解释了为什么威尔玛会在尊重班级的情况下站出来却不行礼。（到场的家长都知道他们是“耶和华证人”成员，并且他们对敬礼有不同的看法。）一整年里没有一个孩子捉弄或嘲笑过威尔玛，他们像我一样喜欢她。

正如我所说，面对宗教多样性，要对他人的信仰持开放包容的态度，无论这些信仰的来源是什么。学习环境中的儿童始终是家庭的延伸，并非正式地代表家庭。赞赏家庭的语言和宗教传统是接纳儿童的第一步。

在沟通中建立信任

专业的早期教育工作者的目标是与家庭建立相互信任。随着教师对儿童家庭的深入了解，家庭成员对教师和课程的了解也越来越多，他们开始为了儿童的利益一起工作。尽早建立相互信任的合作至关重要，教师在孩子们受伤之前要与家长有第一次接触。与家长建立信任后，当孩子遇到问题时，重点就会被放在解决问题而不是互相责备上。

以下是对与儿童的家庭成员进行合作交流、建立伙伴关系的五个建议。

建议 1：最常用的数字化交流

就像正在读这本书的你那样，当今大多数年轻家庭都在使用 Facebook[1]、Twitter[2]、YouTube[3]、Snapchat[4]、电子邮件、交互式网站、短信和其他最新的电子沟通方式。但是，对于处于财务困境中的家庭和原则上不使用数字通信的家庭来说，数字鸿沟仍然存在。教师需要确保那些不使用数字化交流的家庭也有正常的家校互动。

通过学年伊始的见面会、非正式调查信和早期家庭—教师促进会，教师可以了解到家长常用的数字化交流方式，也弄清楚哪些家长并不使用这些技术。教师可以询问家长对电子邮件和手写便笺的态度，问一问他们对于印刷报纸和定期更新的网站更喜欢哪一个。如有必要，教师可以打印、发送网页，内容包括孩子们活动的照片。使用电子媒介发送照片非常便捷。教师会发现有些家庭更偏好电子方式，有些家庭则在使用这些技术上需要帮助。提供相应的帮助是与这些家庭建立关系的另一种方式。

建议 2：即使是电子时代，也需手写便笺

许多家长都认为便笺是教师希望家长了解的重要信息。然而教师们制作便笺是希望传达事项并与家庭建立关系。带着“建交”使命的便笺可能是“快乐报”（内容通常为赞扬孩子的努力），也可能是家庭—教师促进会后续的要点陈述。为了满足孩子们的好奇心，教师会先将便笺的内容读给孩子听。如果是积极的表扬内容，孩子们会非常自豪地带回家请家长过目。即使

[1, 2, 3, 4] 均为美国社交或视频网站。——译者注

电子通信占据了学校和家庭之间沟通的重要地位，你奶奶的想法有时也是对的：友好的便笺可以做电子通信无法做到的事情。

建议 3：打电话交流

打电话比电子邮件和便笺更为直接。现在几乎每个人都有手机，许多教师会定期给家长打电话或发短信。尤其是对不识字或不能阅读的家长来说，打电话可以建立重要的联系。但需要注意的是，获得家长的电话号码是一种特权，因此在询问家长是否可以告知电话号码的时候需好好措辞，谨慎处理。也许在第一次家庭—教师促进会上，可以小心地询问家长是否可以告知电话号码。

双方可以通过电话对话，但打电话是远程的、不能面对面交谈，很难产生心理上的亲近感，因此，在一般情况下，我不建议教师通过打电话进行严肃的会谈，而是通过打电话来和家长安排合适的见面时间。

电话对教师与家庭建立和维持关系非常有用：通过发送短消息传递“快乐报”，跟进家庭—教师促进会或者处理与家庭相关的其他事宜。如果教师想用比便笺（甚至短信）更直接的交流方式，那么友好的电话对家长仍然很重要。

一些教师会使用电话答录机预先录好要沟通的事项。他们按照家庭已知的时间表，为家庭记录最新的任务、要做的事情以及共同的想法，家长可以在空闲时听这些录音。其他教师会和家庭通过沟通定下电话交流的时间，来讨论他们的需要和彼此关心的事项。

建议 4：通过家访建立关系

各种儿童早期教育项目都受益于家访，特别是在新的家校关系刚刚建立、项目进行之初。上门家访可以帮助教师了解到在教育机构中无法获得的家庭动态、孩子的反应方式等。家访也是教师了解家庭文化背景的机会，教师可以确定在课堂上哪些内容对这个孩子来说是与文化相关的。

一些项目（包括“开端计划”）的工作人员是专职的家庭访问员。“开端计划”的家庭访问员与家长和孩子一起工作，非正式地充当社会工作者和幼儿园教师。在家访中，早期教育工作者通常首先与家长见面，为孩子（和兄弟姐妹）安排活动。他们还指导家长和孩子一起进行活动，有时还会向家长示范如何在家中引导孩子。

家庭访问员积极鼓励家庭成员参与到项目中来。他们与孩子的家人共同努力，建立互信互惠的关系。家庭访问员要向家长清晰地阐述项目的政策要求，说清楚哪些是家庭访问活动的组成部分、哪些不是。如果可以将家庭访问纳入教育项目，则任何儿童都可以获益匪浅。

下面我会讲一个“开端计划”家庭访问员的经历，这段经历很好地体现了与家长建立互信关系并鼓励其在“开端计划”项目中有更高水平的参与的过程。我还特意采访了案例中的家长凯瑟琳（Cathryn）和凯（Kay）。

案　例　二

凯瑟琳是一位27岁的母亲，她有3个孩子。6年前作为单身母亲开始加入明尼苏达州西北部的马哈比（Mahube，希瓦希里语，意为“天亮”）“开端计划”。凯瑟琳当时与她的父母住在一起，她报名参加马哈比“开端计划”的“怀孕妈妈”项目。自从第一个孩子柯蒂斯（Curtis）出生以来，凯瑟琳就一直与凯合作，凯经常对凯瑟琳进行家庭访问，并与凯瑟琳和社区中的其他家庭进行每周一次的亲子小组讨论。凯瑟琳曾经结过婚，前夫唐（Don）是牙科实验室的技术人员。柯蒂斯现在5岁了，已经从早期“开端计划”项目毕业，来到了属于学前教育的“开端计划”教室，每周学习四天。妹妹凯瑞（Kyrie，将近3岁）和伊丽莎白（Elizabeth，6个月）

仍与他们的妈妈一起在凯的“开端计划”项目里。

凯瑟琳说，当她刚开始参加该项目时是很害羞的，很少与人交流。她对抚养孩子一无所知，甚至都不知道该问凯和其他工作人员哪些问题。柯蒂斯从学会爬开始就是一个好动的孩子，醒着的每个时刻都非常活跃。渐渐地，凯瑟琳与凯讨论儿子的时候越来越放松自在。当小妹妹凯瑞表现出与柯蒂斯日夜不同的行为时，柯蒂斯的活跃就显得太与众不同了。

由于与凯的密切关系，凯瑟琳决定听从凯的建议，对柯蒂斯进行了注意缺陷多动障碍（Attention Deficit and Hyperactivity Disorder，ADHD）和相关的情绪问题的评估。柯蒂斯现在除了参加每周四天的常规“开端计划”课程，还参加每周一次的游戏治疗组并持续了两年。凯瑟琳与柯蒂斯的老师保持着密切联系，正如她说的那样：“因为我要对儿子负责，而且我最了解他。我们会一起讨论解决他遇到的任何问题。”

凯和凯瑟琳都认为，在柯蒂斯还很小的时候，凯瑟琳作为母亲还远不够格。凯瑟琳对能够与教师建立密切的合作关系来了解孩子的需求感到很自豪。凯瑟琳和唐决定明年让柯蒂斯在附近的社区学校，而不是他们居住地附近的大型城镇学校就读。“开端计划”的工作人员将为他们的过渡提供支持，以便家长可以与公立学校的教职工建立新的亲密关系，并继续通过协调一致的方法为孩子提供积极引导。

在凯每周一次的亲子活动期间，凯瑟琳会担任非正式领导者（她已向年轻的父母就宝宝的用餐、就寝时间提出了建议）。今年她当选为“开端计划”顾问委员会成员，虽然参加一次会议要赶64公里的路。但凯瑟琳说：“我知道‘开端计划’让孩子获益很多，而且能帮助像我这样的家长在育儿时更有信心。”凯告诉我，凯瑟琳是“开端计划”中的“明星家长”，她一步一个脚印，在生活中也找到了明确的目标。在采访中，我也见证了这一切。

建议 5：家庭—教师促进会

除了家访，家庭—教师促进会也是教师和家长建立联系最直接的方式。近年来，有关家庭—教师促进会的文章很多（Gestwicki，2015；Gonzalez-Mena，2008）。冈萨雷斯-米纳强调，早期教育工作者应既是教师，也是学习者，尤其是在涉及文化差异（包括家庭说英语以外的其他语言）的情况下。盖斯特威基（Gestwicki）解释说，成功的家庭—教师促进会包括三个阶段：准备、进行和评估。

准备阶段

在准备阶段，教师需要确保家长了解会议召开的缘由。可以给家长提供指导手册，对家庭—教师促进会内容做出说明，这对接下来的交流会有帮助。如果指导手册有对应的家庭语言版本是最好不过的了。需要让家长选择适合他们的时间，尽可能包括白天、晚上的时段。家长和教师可以并排坐，这样的方式看起来显得非正式、私人化，这比隔着桌子面对面交谈更可取。教师应安排足够的时间进行讨论，以免家长觉得时间太仓促。

在一所小学，一位名叫乔斯琳（Jocelyn）的母亲与教师分享了一件事。她的丈夫沃森（Voshon）也曾在这所学校就读，进入这所学校的门他就会忍不住插科打诨，这源于他学生时代压抑的经历。教师建议他们在附近的快餐店里举行初次家庭—教师促进会。乔斯琳让沃森参加，教师强调了她对他们的儿子托里（Torri）的积极看法。这位爸爸后来决定，他可以在教室里参加下一次家庭—教师促进会，因为教师已经明确地告知他们的儿子在同学之间很受欢迎和尊重。

为家庭—教师促进会提供舒适的环境至关重要。应一位家长的建议，一位教师在教室里设立了“家长角”，他们会在那里举行家庭—教师促进会。“家长角”里设有布告栏（也可以用作隔板），还有两把安乐椅和一个衣帽架。家长非常喜欢这种改变。

教师应该为每个孩子准备一个文件夹或档案袋，里面可以放一段时间内孩子的作品、活动照片并注明日期，这对教师观察孩子非常有帮助。一些教师会用多媒体设备记录孩子的活动，剪辑好视频之后和家长在计算机上一起观看。当有家庭语言非英语的家长参会时，这个方法的优越之处就显现出来了。

进行阶段

在召开家庭—教师促进会的过程中，教师谈到孩子时要使用积极、正面的口吻，比如说：“我真的很喜欢娜蒂莎（Natisha），她非常努力，而且很有幽默感。”请家长畅所欲言，教师才能了解到他们希望通过家庭—教师促进会达成什么想法。这时候可以把孩子们的档案袋拿出来给家长看并聆听家长的想法。谈论孩子时，教师可以使用“**赞美三明治**”（compliment sandwich）的技术——至少给出两个关于孩子的努力和进步的正面陈述，加上一个进一步成长的建议（有关“赞美三明治”的更多内容，请参见本书第 151 页）。

教师还应鼓励家庭成员分享孩子的家庭生活。细心听家长的讲述和评论，并使用“**回应性倾听**”（reflective listening），这会让讲述者感受到自己的言谈和想法被重视（Pappano，2007），自己的想法按照预期被教师接受了。家庭—教师促进会结束时，教师会对会议上的决定进行总结，也会提出后续的计划，并征求家长的同意。教师应以积极的态度结束家庭—教师促进会（Gestwicki，2015）。

家庭—教师促进会发展到现在有一个重要的趋势：孩子（各个年龄段）和家长一起参会。对这种做法，教师的第一反应可能是戒备，因为和家长的交流方式与和孩子的交流方式差别很大，需要准备的材料也不同。不过在习惯了这种做法之后，他们通常会说，孩子、家长一起参加家庭—教师促进会是他们首先考虑的做法。通常，年幼的孩子会先加入会议，如果讨论内容过多，他们可以在房间里自由玩耍。

评估阶段

家庭—教师促进会结束后，教师通过会议中的笔记对其进行评估，并完成简短的总结。教师会整理最原始的记录表，并尽可能地将家庭语言版的副本发送给家长。教师会对会议的成功进行个人反思，开展家庭—教师促进会上商定的后续行动，并制订接下来的会议计划。

把家庭—教师促进会的评估看作与家庭建立卓有成效的密切关系这个想法很美好，但我们要明白家校合作是持续性的工作。当教师开展后续活动和更深入的家庭—教师促进会时，就会显示出他们理解了家庭在孩子成长中的重要地位和孩子在家庭生活中的重要性。

盖斯特威基对家庭—教师促进会进行的总结如下：

> 应当记住，家长不参加学校的家庭—教师促进会并不一定是因为对孩子或学校不感兴趣。相反，这可能反映出不同的文化或社会经济价值观，或许家长正承受极端的工作压力。对家长的缺席，教师应思考多种原因，尝试去安排更适合家长的时间或许是更有用的方式。要坚持不懈地努力，并使用不同的方法和家长取得联系。（Gestwicki，2015，p.341）

家庭参与层次

哈尔冈塞斯（Halgunseth）和她的同事（2009）在研究家长参与模式时，

以爱泼斯坦（Epstein，2001）评估家长在学校课程中的参与度为基础。我也使用了爱泼斯坦的材料，将她的标准调整为**“家庭参与层次”**（levels of family engagement）。随着与教师在建立关系的过程中获得更多的信任，家长参与的层次也越来越高。家校建立的密切关系可以帮助教师更好地理解和回应孩子的行为，制定适当的指导策略以更好地适应将来的社会生活。通过家校合作，教师同样也会支持家庭的其他成员。

这四个层次包括：

- 第一层次——接受教育项目提供的信息；
- 第二层次——积极参与孩子的教育；
- 第三层次——积极参与项目；
- 第四层次——提升个人专业发展水平。

家长准备参与到教育项目中的程度是不同的（Halgunseth et al.，2009）。在一些幼儿教育项目中，教师和家长的大部分合作都是第一或第二层次，在其他项目中，合作有可能通过第一层次达到第三甚至第四层次。我在本书第83—84页（案例一）中提到了玛丽·贝丝与阿丽和威尔玛沟通的经历，在本书第87—88页（案例二）介绍了凯和凯瑟琳的长期合作，这些案例都能够很好地说明这些层次。

第一层次——接受教育项目提供的信息

为表现出无条件接受的态度，教师会热情地向家长和孩子介绍教育项目。大多数情况下，如果家长觉得自己被接纳了，就会愿意在第一层次加入这个项目。所谓的第一层次就是至少接受项目的信息并知道自己的孩子在里面做了些什么、学到了什么。如果家长有时间，那么第一层次的合作可以扩展到参加见面会、家庭—教师促进会、课堂活动。教师要充分把握家长的意愿，认识到家长拥有两种信息来源——教师和孩子。

把教师作为信息来源时，教师要利用好之前提过的包括家庭—教师促进会在内的多种交流方式。在第一层次的参与下，教师要努力做好三点：

1. 家长知道教师非常认同和赞赏孩子；

2. 在和家长的交流中，教师尊重他们的家庭背景、尊重孩子，让家长安心；

3. 家长的参与意愿越来越强。

孩子对学校的态度对家庭参与项目的意愿影响很大。如果孩子“即使生病了也要上学”，那么教师可以确定家庭参与项目的基础是很牢固的。如果孩子“没病也不想上学”，那么可想而知，家长的参与可能只是被动地接受信息，甚至会拒绝信息。教师对孩子和家庭的欢迎态度有助于家庭在参与层次上的递进。

在“案例一”中，玛丽·贝丝没有让其他教师对威尔玛家庭的态度影响到自己。她喜欢威尔玛，并让威尔玛感受到教师对自己默默的持续的爱。玛丽·贝丝向威尔玛的家人发送了“快乐报”，并留下了关于威尔玛的积极的电话信息。就威尔玛而言，她很快就享受到了幼儿园的快乐，享受和教师在一起——她不会错过任何一天。妈妈阿丽参加第一次会议时，玛丽·贝丝对她很友善，并对威尔玛及其家人真正产生了兴趣，还尊重他们的宗教价值观。阿丽参加家庭—教师促进会时对教师的友好包容做出回应，可以看出她已经摆脱了对学校的疏远感，进入了参与的第一层次。

第二层次——积极参与孩子的教育

进入第二层次的参与，意味着家长不仅接收关于孩子的信息，而且会对这些信息做出积极的回应。一个典型的表现就是，参与水平在第二层次的家庭会紧紧跟随学校的活动和项目。也许更重要的是，这样的家庭会更充分地调动家庭、社区的学习资源给孩子创造学习的机会，教师则可以帮助家庭获得更多资源，支持孩子进一步的学习（NAEYC，2009）。

在帮助家庭从第一层次参与跨上第二层次参与的台阶时，教师要激发家长发挥出他们在促进孩子教育和学习上的作用。教师要鼓励家庭成为学校教育的扩展资源，比如请家长每天都和孩子一起阅读。教师和家庭合作的一大要义就是让家长看到他们每天的活动，如家长在上班、去购物的路上和孩子一起搭乘公交、地铁等，或者亲子自驾去有趣的地方，或者散步、做家务，对孩子来说都具有教育价值。

在第二层次，家长和教师彼此越来越信任，家长开始为了孩子的利益和教师协作。实现了第二层次参与，家长和教师一起为孩子做的事远远超出任何一方单方面能做到的（Pappano，2007）。我相信，孩子能感受到他生活中最重要的成人之间相处愉快、合作顺利，家庭和学校之间持续的友好合作为孩子未来的社会生活进步夯实基础。

在“案例一”中，教师的“快乐报”和电话信息有很明显的积极影响，这点从阿丽参加第一次家庭—教师促进会可以看出来。在家庭—教师促进会上，我们可以看到阿丽从第一层次参与向第二层次参与的转变。她和教师坦诚相待，谈论了升国旗敬礼、节日、生日等可能会引起关系障碍的话题。玛丽·贝丝也认为，正是因为双方在这些话题上相互理解，他们的合作才能有质的突破。

威尔玛自己积极地调整去适应学校，并没有出现学习上或行为上的问题。当孩子遇到问题的时候，处于合作第二层次的家庭和教师会一起努力解决这个问题。家庭和教师可以合作解决的问题是很广泛的，从学习的科目到帮孩子建立自尊，从对特殊教育评价达成一致意见，到其他可能的服务……在这些事情上参与合作表明家庭成员已经达到了第二层次。

教师知道，当家长开始在项目中积极协助孩子时，他们就已经达到了第二层次。在“案例二”中，凯瑟琳同意凯对自己的儿子进行情绪情感发展的评估，而且愿意让柯蒂斯参加特殊教育课程。她和柯蒂斯的老师保持密切联系，“因为我是柯蒂斯的监护人，当他遇到问题的时候，我是最了解他的，我们会一起讨论，商量制订针对柯蒂斯问题的计划。”在我看来，对于所有的幼儿教育项目，家长们的参与至少都应达到第二层次。

第三层次——积极参与项目

如果家长参加项目时的目光不局限在自己孩子身上，这个家庭的参与就到达了第三层次，他们会在项目中扮演积极的角色，推动项目的进程。教师和家长之间也建立了真正的互惠共赢的关系。

尽管不是必需，但大部分情况下第三层次的参与经常包含志愿者活动。当家长第一次参加活动时，教师会鼓励他们以非正式的身份参与其中，和孩子互动或者做一些辅助工作。

如果家长无法成为定期志愿者，那么教师和家长就会以其他方式合作，比如请家长为项目活动收集需要的材料，或有不定期的会议、特殊的事件时询问家长能否参加并提供服务（Kersey & Masterson，2009）。第三层次参与水平的家长很乐意在家长咨询会、政策制定会上占有一席之地，甚至希望把项目向公众推广。许多在职父母可以偶尔打破自己的日常安排，例如在午休时间与孩子一起吃饭或重新安排时间表来计划一次出行。

在“案例一”中，玛丽·贝丝提到她将自己班上孩子的国旗敬礼活动延至春季（之所以这样做是因为一位经验丰富的教师的建议，这位教师曾经在9月的国旗敬礼活动上听到一个孩子自豪地大喊：“效忠挪威！”）。当阿丽愿意聊聊他们家与向国旗敬礼相关的信仰时，玛丽·贝丝觉得自己的努力没有白费。当家长来到课堂和孩子们交流关于向国旗敬礼的想法时，他们的参与就达到了第三层次。

无论是正式参加活动，还是仅仅访问，家长来到教室都对他们的孩子有好处。一位教师跟我讲过一件事：有一天，失业的爸爸陪伴女儿去学前班，进入教室时爸爸心情很忐忑，但教师很热情地欢迎他，把他介绍给所有的孩子，请他为孩子们讲故事。讲故事的时候，爸爸听到女儿和其他两个孩子的悄悄话，他们在讨论爸爸妈妈是做什么的。一个孩子说他爸爸在学校做教师，另一个说她妈妈在诊所当牙医。他的女儿则笑着说："我爸爸在这里给我们讲故事！"

在"案例二"中，通过发展与凯的信任关系，凯瑟琳成长为每周亲子活动的领导者，给新手爸妈提供支持和建议。她还迈出了勇敢的一步，不辞辛苦地在乡村路上开64公里的车，参加当地"开端计划"项目的月度顾问委员会会议。

第四层次——提升个人专业发展水平

对大多数幼儿教育项目来说，让家庭参与达到第二层次是一个合理的目标，处于学习共同体中的所有家庭都有希望实现。第二层次是家庭与教师建立互惠合作关系的基线，双方共同努力惠及孩子的成长。还有一些项目中，教师期望大多数家庭能达到第三层次的参与水平，"开端计划"和后续的幼儿教育项目则力图让一些家庭实现第四层次的参与。由于前三层次的成功经验，第四层次参与的家庭成员在项目中会得到显著的个人发展。

诸如此类的发展案例包括：超越项目（例如组织邻里和社区的人，参加镇或县议会）而成为追求意义的公民，继续教育深造，开启职业发展。额外的教育意味着获得高中文凭、接受职业培训或获得学士学位。在项目参与中，家庭成员也许会成长为助教或儿童保教工作者而进入一个全新的领域。在教师的支持下，这些家长会选择学习深造，既为了他们自己，也为了改善他们的家庭生活条件和环境。

当家长感受到自己得到了教师的认可时，就会对孩子的学习产生更大的兴趣，进而开始在项目中做志愿者……自然而然地就会向第四层次前进。在前三个层次的参与中，家长个人收获了很多，他（她）会踏上个人专业发展的新道路。

在“案例一”中，阿丽似乎已进入第三层次，正在向第四层次发展。如果她愿意更进一步，成为玛丽·贝丝的助手或者写一本关于与他们有共同信仰的家庭的孩子及其学校经历的儿童读物，她就进入了第四层次。

在“案例二”中，凯瑟琳和唐将儿子安置在小型社区学校而不是较大的本地学校，一定付出了很多努力。这表明他们开始了第四层次的参与。“开端计划”就像一把保护伞，在伞之外对儿子的教育和引导要求凯瑟琳必须具备相应的个人提升。唐和凯的支持很重要，但是在这种情况下，凯瑟琳展现出的领导才能让我看到她正在积极地向第四层次靠近。

在我多年的教学经历中，一些勤奋、反应较快的学生已经当了父母，他们自愿参与幼儿教育项目，并且在项目中找到了适合自己的位置，选择要成为一名教师。在项目中，教师对他们非常热情，帮助他们筹划活动，他们的志愿活动得到了教师极大的肯定和感谢，他们因此会被再次邀约——这些事情让家长非常振奋，于是成了定期的志愿者。后来，他们做出决定——成为一名教师，并为此而努力。这些家长就是从第一层次的参与开始，一直到第四层次。值得关注的是，其他家庭成员在耳濡目染之下也会打开一扇个体或专业发展的大门。

两位教师与家庭合作的案例

帕特·桑福德（Pat Sanford）和莎伦·霍弗森（Sharon Hoverson），这两位明尼苏达州的幼儿园教师在实践中探索了和家庭建立互惠合作关系的方法。

帕特·桑福德的案例

退休之前，帕特·桑福德在明尼苏达州北部的伯米吉大学城做了很多年的幼儿园教师。在执教生涯中，帕特完成了博士学位的课程，但她认为做幼儿园教师比获得博士学位更重要。这么多年来她和我分享的观察内容一直都非常生动、丰富。

年初开始时，帕特会用“四步法”和家长、孩子建立联系，她首先会查阅家长之前提供给学校的联系信息。帕特说，要了解即将成为自己学生的孩子，不是通过肤色，而是通过这些联系信息。

1. 开学前一两个星期，她会给每个孩子寄加菲猫小文具并附上便条，告诉孩子老师很高兴也非常期待见到他。帕特还叮嘱孩子留意房间外面加菲猫的图片。

2. 帕特还会写信给家长，介绍一下自己和自己的班级，给家长一些新学期开始的指导。在给家长的信中，帕特会留下自己的电话号码、电子邮箱地址。她提到开学之前她会给孩子打一个电话。

3. 开学前一天，帕特会给每个孩子打电话。她再次强调自己很高兴成为他们的老师，并向大家保证，他们将会迎来愉快的课堂时光。如果暂时联系不上孩子，她会不停地尝试，直至开学之后，帕特会换其他的联系方式，包括上门家访等。

4. 帕特提到其中最富有成效的步骤是在开学第一天晚上给每个家庭打电话。她与家长讨论他们关心的各种问题，比如乘车上学、教室里的问题，等等，她尽可能地为家庭提供帮助和保证。

有一次，帕特观察到一个孩子在开学第一天特别焦虑，显得格格不入，便询问家长家里是否有花生酱罐头让孩子带到学校。“我们可以在点心时间把花生酱罐头涂在饼干上吃。”帕特解释说。第二天一早，孩子很自豪地拿出花生酱，帕特大大表扬了他——孩子觉得在教室里感觉好多了，帕特也是如此。

帕特说，在她执教的最后几年，开学第一天的晚上她宁愿喝一杯饮料后早早上床休息。话虽如此，她还是在开学最初的几周持续给家长反馈，坚持给家长打电话。即使现在来看，这些“电话时光”也仍然是她建立家校关系最有价值的投资。

莎伦·霍弗森的案例

莎伦·霍弗森结束了在她儿子幼儿园的志愿者工作后，回到大学成了一名“大（龄）学生”，她想拿到幼儿园 / 小学的教育学位。其实莎伦已经在比较教育学专业完成了相当多的课程培训并取得了硕士学位。

莎伦是一位在波内马工作的白人教师，这是奥吉布瓦族人聚居的红湖边上的一座传统村庄。她已经在这里教学近 20 年，在一个授名仪式上，她有幸成了红湖地区第一个得到奥吉布瓦族名字的教师。莎伦说，这是因为波内马的一位精神领袖在她的教育项目中做了很多年志愿者，才有了后来的授名仪式。（这位令人尊敬的长者每年都会去莎伦那里做志愿者。）

自从莎伦开始在奥吉布瓦族人聚居的红湖地区教学，她就会在学期前和学期中间进行家访。在波内马，教师家访并不常见，而且大多数是像莎伦这样的来自欧洲的美国人才会每天开车来来回回。莎伦意识到，在很多家庭眼里，学校是很“外国”的一种存在。刚开始时，莎伦会带一个社区里的助教和她一起家访，现在有时她也这么做。

在开始的几年，家访的套路几乎是固定的。莎伦和她的助手开车到被访的家庭。车一停在路边，这家的人就会探出头来张望，想弄清楚到底是谁来了。家访助教认识社区里的所有人，她会先出来打个招呼。这家的人也会靠近车子，看见莎伦，向助教询问："这个金发白人是谁？"这时助教就会解释说："莎伦是你们孩子的老师，学期开始之前，我们会对每个孩子进行家访，她想见您和孩子一面。"一番交流之后，家长会将孩子带到车子旁边，莎伦就开始了她"有魔力"的工作。

莎伦付出了很多努力，让家长和孩子觉得自己在教师那里非常受欢迎。莎伦教过的一个学生曾经在她的班里做过志愿者，但不幸遇害了，莎伦参加了他的传统葬礼。可以看出，莎伦教过的学生都非常爱戴、尊敬她，家长们也相当欢迎她，一旦看到莎伦的小车出现，就知道莎伦老师又来家访了，大家会迫不及待地将莎伦迎进门。

这一章介绍了教师建立家校联系的几种方式，和谐的家校关系对孩子来说非常重要，有利于创设更好的学习环境。随着孩子渐渐长大，他们会和原生家庭渐渐脱离。但在他们还小的时候，家校的连接对孩子的家庭归属感、学校归属感的建立非常重要。通过这样的做法，孩子会建立 DLS1 的基础（自己作为集体的成员和有价值的个体而被社会接纳），有一个参与民主生活的良好开端。

讨 论 问 题

专业的早期教育工作者的基本素养之一是尊重幼儿、家长和其他同事，并尊重他们的隐私权。在完成下面的活动时，请注意尊重所有当事人的隐私。

1. 你可以和家里的长辈聊一聊，问一问他们上学的时候学校里的教师是怎么向他们传递美国价值和文化的（从发型、服装入手是个不错的主意），他们的经历和你做学生时的经历有什么异同。和别人讨论一下，当今美国学校社会化教育的相关教育目标应该包括什么。
2. 想想你或你的孩子、其他熟人上学的时间，讨论一年中教师和家庭建立互信互惠关系的努力。家人是如何看待教师的？你认为教师寻求家校合作会对孩子的教育过程产生什么影响？
3. 采访一个社区中的“少数”家庭（在语言、宗教、民族或其他文化因素方面的“少数”），询问他们自己或孩子融入学习环境时的经历，了解他们的教师在学习共同体中是否发挥了协助孩子和家庭的作用。有了和这个家庭沟通的体会，你对少数群体的幼儿教育面临的挑战有什么想法，可以和大家分享一下。你认为在帮助家庭面对此类挑战时，教师可以提供哪些支持？

核心概念

核心概念的定义见本书第 205—213 页的术语表。

- 双语学习者（dual-language learners）
- 互惠关系（reciprocal relationships）
- 家庭参与层次（levels of family engagement）
- 回应性倾听（reflective listening）
- 熔炉理论（Melting Pot theory）

第五章　团队会议：为民主生活而进行的教育[1]

几个世纪以来，世界各地的成人共同体都会用团队会议的方式来回顾过去发生的事件、解决当前的问题并为未来做计划。例如，美洲原住民的议会，新英格兰人的城镇会议以及政党成员的共同体聚会。

在美国教育中，威廉·格拉瑟（William Glasser，1969）在学生之间推广了团队会议的做法。他称这些团队会议为**"魔术圈"**（magic circle），他看到了它的双重好处——让团队成员学会尊重和欣赏每个人，同时每个人也学会尊重和欣赏团队——并以此撰写了一些畅销书。格拉瑟将会议视为现代复杂社会生活的必要准备，而这正是传统学校实践中缺少的。

如今在学校里，团队会议最广泛的应用方式是"回应式课堂"（Responsive Classroom）模式，举行晨会是主要内容（Kriete & Davis，2014）。克里特（Kriete）撰写和修订了颇受欢迎的《晨会手册》（*Morning Meeting Book*），阐述了用于树立团队精神、帮助孩子建立团队归属感与责任感的活动和想法。

回应式课堂的晨会秉持一个准则：赞赏肯定课堂中所有的参加者。与其他实践活动不同，团队会议为孩子们提供了民主基本要素的现实生活体验：

[1] 本章内容系根据我的《为民权社会而教育：如何通过引导教授幼儿民主生活技能》一书的第八章修订而成。感谢全美幼教协会允许我在本章使用这些材料。——作者注

用文明的方式倾听和交谈，用合作的方式解决问题，追求团队中的所有人受益。在杜威（Dewey, 1997）、格拉瑟（Glasser, 1969）、亨德里克（Hendrick, 1992）、万斯和韦弗（Vance & Weaver，2002）、克里特和戴维斯（Kriete & Davis，2014）、万斯（2015）等人眼里，民主的亲社会性超越了大多数社会阶层的“多数派战胜少数派”这个竞争性政治共识。

与学校设置只有很少一部分学生参加的学生会相比，团队会议则可以人人参与。教师担任团队会议的领导者，每天鼓励孩子们对团队面临的时事进行友好的分享，进而达成共识。正如孩子们参加艺术活动一样，对团队中的孩子来说，过程比结果更重要。

“开端计划”教师蒂根（Teagan）：今天我们来聊一聊“只许友好触碰”这个规则。你们是怎么理解这个规则的呢？

奥古斯塔（Augusta）：就是我们不要打别人。

蒂根：谢谢奥古斯塔的回答。其他人是怎么想的呢？

蒂莫西（Timothy）：你不能抓着别人，也不可以推他。

威廉姆（William）：对方很疼，你不能这样做。

蒂根：那么就是说，我们不可以用手去伤害别人，对吧？

基科（Kiko）：也不能用脚，踢人也是很痛的。

蒂根（微笑，因为她没有想过脚的事）：我们怎样做可以避免伤害呢？

达内尔达（Danelda）：用嘴巴说。

蒂根（点头）：没错！那么我们可以说些什么呢？

几个孩子：你这样做我会不舒服！老师快来帮帮我！

蒂根：是的，如果你这样说，我就会过来帮你解决问题，（停了几秒）那我们可以说“你这个讨厌的小笨蛋”（You darn beebleberry）吗？

基科：啊哦，老师，不要说脏话哦！

蒂根：没错！对不起我忘记了。但其他的词我可以说吗？

达内尔达：老师你知道的。

蒂根（笑了起来）："友好触碰"是什么呢？

几个孩子：击掌，碰拳，别人允许的时候可以拥抱，就像老师那样轻轻地拍背，握手……

蒂根（笑着点头）：天哪！你们知道这么多"友好触碰"，我太高兴了，都快高兴地哭了。

奥古斯塔（看起来相当困惑）：是的，老师，我们知道很多。

基科（摇头）：老师，你不是很高兴吗，为什么要哭呢？

蒂根（笑得嘴巴咧开）：非常感谢大家。你们知道很多友好触碰的方式。现在到我们的展示时间啦！请坐下来，决定你要做什么。当你离开的时候考虑一下，击掌、碰拳、我想要的拥抱、拍拍背或者握握手……这么多友好触碰，你要给我哪一个呢？

（孩子们坐着思考了半分钟到 1 分钟，然后依次离开，并给了教师一个他们喜欢的友好触碰。）

与幼儿一起开的团队会议

大家可能会对学龄前儿童的团队会议充满疑问。波利·格林伯格（Polly Greenberg，1988）曾经观察过学龄前儿童的团队会议，他们在一天结束时举行团队会议，回顾一天中做的事情，讨论明天如何做才能更好。

乔安妮·亨德里克（Joanne Hendrick）在 1992 年就提议通过例会的形式引导低龄孩子学习民主生活的原则，她说团队会议在"学习信任团队"上有很大的价值，"即使 4 岁的孩子也可以参与简单的团队决策来解决社交上的问题"（pp.52–53）。

麦克勒格（McClurg）在 1998 年的《幼儿》杂志上把团队会议称为**共同体会议**（community meetings）：

> 共同体会议的目的是创建一个致力于共同项目的共同体，大家在这里学习如何与他人共处、学习采择他人的观点。在这里，孩子们遇到并学习接受多种现实，发现自己是有选择的，认识到要为自己的决定负责（p.30）。

麦克勒格还提到，在会议中孩子可以获得那些成年人希望他们学习的团队生活技能：

> 一些孩子也许太自私，也有一些孩子需要唤醒自我意识；一些孩子需要学习自我控制，也有一些孩子得学一学如何付出。好消息是，在成人的引导下，孩子可以在彼此身上学到这些内容甚至更多（p.30）。

全美幼教协会在 2002 年首次发行了一本重要著作《班级会议：幼儿共同解决问题》（*Class Meetings: Young Children Solving Problems Together*）（Vance & Weaver，2002）。在 2015 年，该协会出版了修订版（Vance，2015）。我和万斯、韦弗一起在各版教科书（1994—2014）中都写了关于会议的文章。两个指导专栏（Gartrell，2006，2012b）也关注了这个话题。大家可以看到，早期教育工作者对团队会议的推崇已持续多年。在当今政治两极分化的时代，我们比以往任何时候都更需要在幼小的孩子心中播下民主、文明的种子，从早期教育开始，在教育的各个阶段推行团队会议的做法。

与“集体教学”不同

团队会议与所谓的“集体教学”（circle times[1]）是不同的。集体教学是每日孩子们在教室里的常规活动——开放活动、天气预报、重要事件，有时候是手指游戏、表演、唱歌、讲故事。有时，集体教学和团队会议会相互融合，但要注意的是，团队会议的重点和集体教学是不同的，它是围绕教室里真实发生的事件讨论处理的方法。

容易造成“集体教学”和“团队会议”概念混淆的是一些特殊的事件，例如，团队中的一个成员和大家讲述他的新宠物，或者去看医生的经历，其他孩子很有共鸣，忍不住说上很多。发生这种情况时，教师可以和滔滔不绝的孩子商议，留出一段特定的时间请他和大家分享（一定要保证留出这段时间哦！），确保孩子能够和老师交谈。教师还要关注孩子们可能遇到的恶劣情况，与孩子讨论他可能不想分享的内容。

团队会议是专门为每个孩子的参与设计的。万斯（Vance，2015）重申，其目的是鼓励孩子和教师反思、分享他们的经验、需求、关注点和满足感，建立大家对团队的归属感。

正如哈里斯和富卡（Harris & Fuqua，2000）观察到的那样，如果教师保持团队会议简明、引人入胜，即使是年幼的孩子也会成为专注的参与者。正如发展适宜性的开放式活动一样，团队会议对建立早期学习共同体非常有帮助。

[1] 直译为“圆圈时间”，但因是儿童围坐在教师身旁进行的集体教学活动，所以在此处意译为“集体教学”以便于中国读者理解。——译者注

团队会议的三种目的

格拉瑟（Glasser，1969）界定了三种目的的团队会议：开放式团队会议（open-ended group meetings）、教育性团队会议（educational group meetings）和问题解决团队会议（problem-solving group meetings）。我认为这三种类型适合大多数早期学习环境。

三种团队会议

开放式团队会议

开放式团队会议是为了讨论假设或真实情境中的问题。下面这个例子展示了教师如何带领一个团队开始一次开放式团队会议。

“明天我们会迎来一个新的同学梅琳达（Melinda）。她有点特别，要使用拐杖走路，就像我们在书上看到的那样。凯拉（Kayla）老师今天会拿来一些拐杖，大家可以试一试，想想我们可以怎样帮助梅琳达。她和大家一样，都希望得到别人的关心。如果想让梅琳达觉得自己很受欢迎，你有什么好主意？”

在开场部分要营造友好的气氛，可以使用小插图、简短介绍作为开放式团队会议的开始。会议不是要解决孩子们在项目中遇到的特定问题，而是试图教给他们有关项目的引导原则。开放式团队会议几乎可以视为成员间的联系谈话。大家聚在一起交谈和倾听，彼此关怀，体验相处中的积极情感，友好的关系在团队中蓬勃发展。

教育性团队会议

教育性团队会议用于介绍、设计、回顾与课程相关的想法、活动和项目。举个例子：

“明天我们要进行常规的户外活动——在野外远足或者坐轮椅寻找春天的迹象。塞塞莉亚（Cecelia，助理老师）将在我们的科学日志中记录下你告诉她的内容。对我们这次实地考察，你觉得还有哪些需要注意的事项？”

下面的一个例子是我执教“开端计划”第二年时发生的，它很好地展示了教育性团队会议的运用。

不同的人看待事物的角度是不同的，所以我常常对教室里教师制作的公告板有疑问。在我看来，它们展示教师的想法，但很快就会沦为一块背景板，孩子们每天从前面经过但几乎不会留意。对参观教室的成人来说，这些公告板只是摆设而已。

相反，师幼共同创作的公告板则可以引发互动、鼓励学习。执教“开端计划”第二年的时候，我领悟到了这一点。马上就要放假了，这周的最后一天是开放日，家长可以来到学校，与孩子们和老师们一起参加活动。我看了看已经落满灰尘的秋天主题的公告板——是时候换掉它了，于是我们召开了团队会议。

丹（Dan）：马上就要放假了，在家长开放日之前，大家需要一起制作新的假期主题公告板，这样开放日那天家长们就能看到我们的成果。谁有好的主意？

瑞塔（Rita）（没有停顿）：我们可以做“圣诞前夜”！（我们曾经一起读过这本图画书）

丹：很不错的主意，瑞塔，那我们怎么去做呢？

瑞塔：我可以做下楼梯的人。

乔伊（Joey）（插嘴）：我会做圣诞老人。丹老师，有棉花吗？

夏延（Cheyenne）：我会做圣诞老人拿着袜子爬出来的烟囱。

卡伦（Karen）：我可以做屋顶，上面有雪橇，但是没有驯鹿，因为晚上太黑了，你看不见它们。

乔迪和洛蕾恩（Lorraine）（他们两个总是一起做很多事）：我们可以做一棵很大很大的树。

丹（虽然有些 2.5 岁和 3 岁的孩子没有发言，但我不想强迫他们）：太好了，每个人都可以制作“圣诞前夜”主题需要的东西，那我就来写一封信吧，向家长们介绍我们的公告栏。

大家各自忙碌起来，团队专注的忙碌让我非常惊喜。

小家伙们纷纷坐到桌子前面。他们拿出彩色手工纸、马克笔，剪出了许多小小的形状，有些看起来是方形。他们给每个形状都做了大大的十字形标记。

丹：天哪！你们都好努力！

安东（Anton）：我们要做礼物！

孩子们轮番走到公告板前，告诉我怎么摆放他们的成果。这可以说是最有创意的“圣诞前夜”公告板了！在介绍信的辅助下，家长们都了解了公告板的主题，对孩子们的表现赞叹不已。孩子们向家长展示自己完成的部分，教室里洋溢着成功的喜悦。整个下午，我简直控制不住自己得意的心情。

当然这还没有结束。1 月份的一天，我打算把公告板取下来，这时第一辆校车送来了最早的一批孩子。瑞塔看到了，问我在干什么。我解释说，因为新的一年要来了，我们需要布置一些新内容。

瑞塔：老师，这是我们的作品，也要让我们大家取下来。

我搬来一张桌子放在有点高的公告板下面，瑞塔和弗吉尔（Virgil）爬上桌子，我帮忙扶着。他们小心翼翼地取下作品递给我，我再交给乔迪和洛蕾恩，他俩把这些作品收进一个文件夹。这个文件夹我保存了很久，但可惜后来在一次搬迁中遗失了。我永远不会忘记那一次教育性团队会议达成的成果。

问题解决团队会议

问题解决团队会议用于讨论新近发生的公共冲突。这里有一个典型的例子——一群学龄前儿童讨论下雪后遇到的问题。事情是这样的：

“今天，操场上雪下得很大。一些小朋友衣服里面也进了雪，这冰冷的感觉令人讨厌。还记得我们的原则吗？‘只许友好触碰。’我们怎样做才能避免类似的问题呢？”（我们一会儿接着讲这个故事，现在先让我们来看另一部分内容。）

一个学步儿“咬人”问题解决团队会议

我结识多年的教育专家坚持认为，即使是年龄小的孩子（如学步儿），也能从会议中受益。这样的问题解决会议中，两三个小家伙坐在成人身上或周围。我最喜欢的逸事之一是明尼阿波利斯儿童保育中心进行的一次幼儿团队会议，这次会议解决了成人和孩子都感到头疼的难题——咬人。

学步儿咬人的原因是很复杂的，经常发生在他们尚不能用语言表达自己意愿的时候。

如果孩子咬人这种严重的错误行为——早期教育专业人员不得不向父母解释——只发生过一两次，那就可能是一种试验性错误行为（第一级）。但是咬人后的孩子收到的反馈有时会强化他的行为。试验性错误行为会演变为社会性错误行为（第二级），发生在少数咬人超过一两次的孩子身上。在该中心的学步儿教室中，布赖恩（Brian）和萨姆（Sam）习惯于咬一些年纪更小的宝宝，这让教师们非常震惊和警惕。

教师们和中心主任开会讨论了此事，他们决定尝试开一次学步儿的团队会议。首先，教师用简单的方式向孩子们解释了这个问题，随后教授很小的孩子们一个策略：当看到同伴以让你害怕的方式接近你时，你要举起手并大声说："停下来！"接下来的日子，教师就和孩子们一起练习这个方法。第二天下午，当布赖恩咧嘴笑着走向玛格丽塔（Margareta）时，她举起手说："停下来！"教师听到后立刻赶过去。这次迫在眉睫的错误行为被有效阻止，教师大大表扬了玛格丽塔的做法。

接下来的一两天，玛格丽塔面对另一个孩子的接近重复这样的警告。教师们发现这个警告也可以让接近的孩子暂时停下来，他们瞅准时机赶快采取行动，迅速解决问题，避免孩子被咬伤。得益于这一策略和方方面面的努力，咬人问题得到了缓解，大家紧绷的神经也放松了一些。

事实上，布赖恩表现得有些危险性。当其他孩子大声对他说"停下来"时，布赖恩会咧嘴笑着跑开。而遇到同样的呵斥，萨姆的反应是大哭。这提醒了教师们，这些孩子是非常年幼的。（比起咬人的麻烦，教师们认为这些事情还是比较好处理的。）

团队会议的协议和准则

无论对于何种类型的会议，一些简单的协议都能帮助成人引导会议：

- 所有人都可以发言；
- 轮流发言，认真倾听；
- 友好对待同伴（常常意味着在讨论问题时不针对个人）。

确立这些协议并解释清楚需要遵守这些协议的原因，可以成为团队会议一个或更多的主题。教师可以利用这些讨论营造出团队精神（Vance，2015）。教师可以这样问：“为什么我们需要轮流？为什么别人说的时候我们要认真听？”在这样的讨论中，孩子们学会接纳他人的观点、平等地交流，这种学习已经超越了会议本身。

除了团队达成的协议外，教师可能还有一些关于团队会议的指南，例如：

- 感谢所有的想法；
- 保护个体的尊严；
- 个别问题需个别对待；
- 描述情况，而非评价情况；
- 可以像“我—信息”（I-message）那样表达自己的感觉（参见本书第 128—130 页“谨慎地表达愤怒”）；
- 商定、尝试和审查行动方案；
- 召开会议是为了解决问题，而不是创造问题。

如今的团队会议中的发言就像格拉瑟班上的魔术圈，没有错误和正确，每个孩子都可以说他想说的话，不用害怕说错。为了核实会议上的个人判断，教师经常使用反思性陈述来肯定孩子的话语。让我们回顾那个玩雪的例子。

幼儿：雪从脖子进入我的衣服了，好冷好难受啊！

教师：你衣服里进了一些雪，所以你很不舒服（uncomfortable，今天学的新词），还好我们已经把雪清理干净了。孩子们，你们都知道我们的原则——“只许友好触碰”，下一次我们如何做才能避免类似的行为再次发生呢？

孩子们分享他们的想法。当讨论接近尾声，教师来总结孩子们的观点。孩子们似乎特别喜欢找到一个解决方案，于是教师说道：“因此，下次我们还可以在雪堆里愉快地游戏，但是还能对着人扔雪球吗？我们今天的讨论要发挥作用哦！明天出去玩之前，你们要记得提醒我我们今天的决定哦！”

支持性参与

教师会使用言语和非言语支持来参与团队会议。最基本的非言语支持就是点头和微笑，我觉得每次会议中教师都应该不吝点头，至少也得微笑10次，微笑多多益善。

以下是一些建议：教师在主持会议的时候，如果两个孩子同时开口，则对应该轮到的那个孩子点头微笑，用手示意另一个孩子稍微等一等，不要忘记他也需要你的点头和微笑。如果孩子们已经举手好多次，不要只请一个孩子来说，而要帮他们排好发言的顺序。一定要记住自己说过的顺序，否则孩子们会纠正你。如果你能营造对所有孩子都宽容、友好的氛围，即使最沉默害羞的孩子也会有话说。

早期教育专家鼓励孩子尽可能地参与到谈话中去。（前文中“开端计划”项目中的孩子在开团队会议时就展示出了自己的领导才能。）这就意味着孩子们天然有能力进行团队会议，就像蒂根在本章一开始成功做到的那样。（她也偶尔自嘲，表现得很幽默，整个会议氛围很轻松。）教师的职责依然是带领孩子寻找解决问题的智慧办法，尽可能达成共识，让大家都满意。

在美国人的日常生活中，很多人会有“公开场合发言恐惧症”。创造积极环境，给孩子们能够表达自己的观点、聆听他人发言的机会，从小打下在公开场合发言的良好基础。对教师来说，领导团队会议可以帮助他更好地理解孩子们的想法，和孩子们保持良好的互动。

来开会吧！

万斯（Vance，2015）给准备好和孩子一起召开团队会议的教师们提了非常有用的建议：

> 为了有效地利用班级会议，要保证会议能够有规律地定时召开，这样才能应对不断变化的班级情况，锻炼沟通技巧和解决问题的能力。我建议每天召开一次课堂会议，至少持续 3 个月，以使孩子们能够熟悉会议的程序、自如地参与到课堂会议中，锻炼沟通的技巧。时间保证给孩子们提供了充足的机会，也让教师能够好好观察课堂会议的氛围。和所有好的课堂管理计划一样，班级会议也需要耐心、承诺和坚持。（p.2）

作者在这一章节里阐述了召开会议的频率和时长，从一天 3 个小短会到一周 1 次、每次半小时的会议。无论对于小小班的宝宝还是小学生，我都建议每天召开两次 5 ～ 15 分钟的会议，一次在来园后（或者早餐后），另一次在离园前。如果有突发情况或者发生了对孩子们影响很大的事件，教师可以根据实际需要即时增加一次会议。

晨会

与下午和临时会议相比，晨会是更成熟的形式。晨会的主题可能包括以下几种。

开放式会议

- 介绍和复习引导原则，如："只许友好触碰。"
- 情感话题，如："什么事会令人难过？"
- 初级哲学探讨，如："彩虹鱼应该交出它的鳞片吗？"
- 人类独特话题，如："为什么我们称消防员为 firefighters 而不是 firemen？"

教育性会议

- 介绍特殊的主题、项目和活动，如："因为捕鱼季刚开始，这周我们会做一些特别的事情。其中一个就是桌面水池养小鱼。"
- 介绍特别的事件和访客，如："今天哈罗德（Harold）的哥哥布罗迪（Brody）会来到我们的班级表演'大号'给大家，我很好奇大号是什么哦！"
- 回顾之前的主题、项目和活动，如："这周我们在桌面水池养小鱼，大家学到了什么呢？"

问题解决会议

- 关于引导的难题，如："我们怎样做才能在大厅里安静地走路不影响到教室里的其他人呢？"（引导原则是"在大厅里安静地走路"。）
- 第二级错误行为，如："今天我看到一些孩子很伤心，因为他们被别人骂了脏话，我们应该怎样做来避免这些事呢？”

- 影响到公众的第三级错误行为，如：“克莱德（Clyde）今天过得很糟，椅子东倒西歪，一些小朋友还受伤了，克莱德不得不和爸爸早早回家。我觉得我们应该谈谈这件事，说说你的感受，聊一聊下次应该怎么做。”（召开这种会议必须十分小心，接下来我会讲到这一点。）
- 影响到团队成员的悲喜事，如：“明天助教老师罗伯特（Robert）就要离开了，他要回到大学去做班主任。”

离园会议

在一天即将结束之时，大人和孩子都会感到疲惫。离园会议可以帮助孩子从在园状态调整为回家状态，增进孩子们的团队精神。一般来说，离园会议不是非常正式，往往会在孩子们离开之前举行。成人会用当天发生的一些事情引起话题，问一问孩子们有什么想法。或者只是请孩子们聊一聊自己在一天中比较特别的经历。以下是一些例子：

- “今天我们去了公园，你有什么印象深刻的事情吗？我们是怎样规划的？你学到了什么？”
- 孩子可以分享个人“重量级”的经历：“今天我和谢丽尔（Cheryl）完全猜出了那个大谜语，纳尔逊（Nelson）也帮了我们，我们真的做到了！老师还给我们拍了照！”
- 个人分享也可以有一些关于“违规”的话题，比如：“今天他们不让我在商店里玩，我很难受。老师，难道不应该是大家一起玩吗？”

如果时间或精力不足以解决会议中提出的问题，那么第二天早上的晨会可以继续讨论这件事。教师要用积极的态度做会议小结，可以一起唱首歌，或做一些结束工作，直到家长来把孩子接走。

特别会议

如果突发一些需要立即讨论的重大事件，教师也可以召开特别会议。比如：当一个孩子受伤或者患了重病，伙伴们目睹或知道了这件事；或者在教室里看到有人搞破坏，孩子们会有很多问题想问，希望得到成人的回答。所以教师可以和孩子一起召开特别的团队会议，让孩子们表达自己的担心和关注点。

召开特别会议对教师来说不是一件简单的事。当发现孩子们有烦心事时，教师会决定召开特别会议，帮助孩子战胜心里的不安，感受到团队的安全感。

解决第二级错误行为问题的团队会议

第一级错误行为一般只涉及孩子个人，不影响别人。为保护孩子的自尊心，教师要尽可能地和孩子私下谈话解决这个问题。不过，也有例外——一个孩子的第一级错误行为使其他孩子陷入第二级错误行为中——争吵或者打架。遇到这种情况，教师可以在保证所有人不会受到伤害的前提下召开团队会议来解决问题。如果有必要，教师可以选另外的时间跟进。有时未经充分计划的新设施、新活动也可能会导致第二级错误行为的出现，比如下面这个例子——初学攀爬者。

小小班的老师玛丽（Mari）组织了一次离园会议，她在大家玩新装好的攀爬架时观察到了一些麻烦。玛丽想问一问孩子们的想法。

一个孩子说："我撞到了攀爬架顶端，差点掉下来。"

另一个孩子说："我爬的时候有人踩到了我的脚趾。"

第三个孩子说："我想下，别人想上，我们就撞到了一起。"

（发言的孩子们都遵循了谈话中不点名的原则。）

玛丽引导孩子们进一步讨论了遇到的麻烦。然后她总结道："为了保证大家不受伤，我们必须正确地使用攀爬架。那我们该如何做呢？"

她把孩子们的想法都写下来，作为玩攀爬架的准则：

- 在攀爬架顶端只能坐着或趴着，绝对不能站立；
- 同一时间最多只能有两个小朋友坐在最顶端；
- 当别人向上爬的时候，我们要让出位子；
- 我们可以滑下来——星期五除外！

玛丽非常喜欢最后一个建议，因为她希望孩子们能得到更多的上肢锻炼机会（很多项目里的上肢锻炼机会都非常匮乏）。这些准则也丰富了孩子们关于星期的词汇，学习了"Friday"（星期五）这个词。

玛丽用非常慢的语速把这些准则读给孩子们听，孩子们都很乐意遵守。玛丽非常郑重地将准则贴在了攀爬架旁边。接下来的日子里，玛丽或其他教师会守在攀爬架附近，提醒孩子们遵守这些准则。很快，孩子们就不需要老师的提醒了，他们非常自觉地相互提示，尤其是在星期五。

对违规者常用的"连坐"惩罚方式是禁用，把攀爬架撤走一周、一个月甚至永不再用。我敢打赌你一定记得这种方法。个别孩子犯了错，比如在大厅里吵闹、在操场上疯跑——全体孩子都要跟着受罚。这时候你可能会对老师的处理有意见，觉得自己非常冤枉地遭受了不公平对待。同样，你也会对"害群之马"心生怨气，而且他们说不定还反过来埋怨你。惩罚的方式也非常“低级”，令人羞愧——来回爬楼梯，不许发出声音，面壁思过，或者写100遍“我再也不敢了”……

“连坐”惩罚会导致人心惶惶，打破平和的气氛，而团队会议正是想避免出现这样的局面。传统教育中惩戒的弊端就是，用惩罚代替教育，孩子们因无知犯下的错误得不到最根本的纠正。

团队会议就是要解决已经过时的传统教育惩戒方法带来的弊端。它给孩子提供了在公众场合发言的机会，增强了孩子和平解决矛盾的能力，让每个孩子都成长为有担当的团队成员，化解矛盾和对抗，成全团队精神——我们是在一起的。

解决第三级错误行为问题的团队会议

本着不让孩子感到窘迫的原则，教师要尽可能地私下解决问题，以此保护孩子的自尊心。然而，在实际生活中，教师必须把握好这个原则与团队利益之间的平衡，不要起到“坏示范”。如果一个孩子失去自我控制，做出了大范围的攻击性行为，团队会议可以帮助孩子重新建立团队准则，为之后的和平安全努力。下面就是一个很生动的例子。

杰里米（Jeremy）目睹了家庭暴力后（极有可能自己也卷入其中），精神上承受了很大的压力。他所在的保育机构的教师富有经验，非常细心。这位教师正在和社工合作帮助杰里米，但是仍然出现了一些杰里米不能应付的事情。他时常表现得崩溃，会乱扔东西，用小手小脚甚至脑袋撞地板。

一天早上，杰里米和他的社工待在一起，大家召开了一次特殊的会议。两位教师对孩子们解释说，杰里米最近和他的家人之间相处出了一些问题，老师正在努力帮助他，也希望每个人能理解他。孩子们想出了一些和杰里米友好相处的主意，一个孩子说："当杰里米陷入疯狂的时候，我们可以让他独自冷静一下。"

教师们和孩子们围绕"杰里米出现坏情绪时我们如何帮助他"展开了讨论。他们决定，当杰里米"疯狂"的时候，让路易丝（Louise）老师留下来帮助杰里米恢复冷静（有必要的时候可以使用熊抱），玛丽（Mary）老师把其他的孩子带到房间的其他角落，做一些安静的事情，直到杰里米情绪平复为止。

孩子们使用这个策略的次数比他们预想的要多，至少教师们认为此种做法对杰里米和其他孩子来说都是有益的。最后，征得杰里米妈妈的同意后，杰里米进入了一个特殊教育机构接受行为矫正。虽然他离开了，但玛丽和路易丝认为他们给小家伙选择了更适合的环境，他可以得到更多有针对性的援助。

在后来的一次会议上，两位教师对孩子们说，杰里米转学去了一个新学校，在那里他能得到更多的特殊帮助。教师大大表扬了小朋友们对杰里米的友好相待，自始至终把他当作大家庭的一分子。孩子们和教师决定给杰里米制作一张大大的卡片，寄托美好的祝愿。大家一起把大卡片拿到邮局寄给了杰里米。

在困难的时刻，通过会议可以让团队维持振奋人心的氛围。加入团队和团队会议可以帮助孩子们习得民主生活必要的技能。杰里米在DLS1和DLS2方面遇到了非常大的困难：

1. 作为团队的一员和有价值的个体而被接纳；

2. 以非伤害性的方式表达强烈的情感。

在教师给予自由的教育下，杰里米在这个特殊的环境中能够取得最大的进步。当教育遇到瓶颈时，教师帮助他找到了一个可以让他获得更多重点帮助的地方。团队中的孩子和成人都对杰里米保持友好的态度，没有人表现出对他不利的行为，在团队会议的协助下，他们能够对杰里米和他的问题采取更加支持的态度。

这个团队在 DLS3、DLS4、DLS5 方面取得了进步：

3．创造性地解决问题——独自或与他人合作；

4．接受他人的独特之处；

5．明智地、合乎道德地做出决定。

结　语

随着团队会议在鼓励教育中的推进，孩子开始重视这种学习方式。当孩子们在团队会议中承担更多的管理责任时，教师们就知道团队会议正在给孩子们带来改变。有时，教师甚至只需要做一个“旁观者”（McClurg，1998）。

> 一段时间以后，孩子们会在会议中照顾彼此，共同解决他们的问题，觉得自己有能力掌控好自己的学习，把团队中的每个人都看作自己的“老师”。团队会议的努力没有白费，教师们正在见证孩子们变得越来越好。（Harris & Fuqua，2000，p.47）

团队和教师要做的一些最重要的事情通过团队会议的结果呈现出来：孩子们学着用文明的方式表达自己的感受和想法，学习社会交往。课程围绕如何从不同的角度看待问题、如何文明地解决冲突进行，通过在他人面前表达比较复杂的观点和情感的亲身体会，通过聆听和尊重他人的讲话，孩子们也可以习得交谈的艺术。团队会议增强了孩子们进一步的学习和生活所需的沟通技巧。通过各种方式，团队会议为孩子们学习民主生活技能提供了坚实的基础，而且我认为，这是各级教育都需要的。

讨 论 问 题

专业的早期教育工作者的基本素养之一是尊重幼儿、家长和其他同事，并尊重他们的隐私权。在完成下面的活动时，请注意尊重所有当事人的隐私。

1. 参考书中所述团队会议的价值，结合自己的想法，谈一谈为什么在早期教育中团队会议的方式没有被普遍使用。
2. 结合你所在的教育层级思考团队会议。三种会议形式都是什么？讨论你对会议效果的反思，谈谈你参与其中的体会。
3. 延续问题 2，讨论会议中教师的角色和发挥的作用（正反两方面）。如果你是教师，你会怎么做？
4. 选择五种民主生活技能中的任意一项，你认为团队会议应该如何帮助幼儿获得这项技能呢？

核 心 概 念

核心概念的定义见本书第 205—213 页的术语表。

- 教育性会议（educational meetings）
- 开放式会议（open-ended meetings）
- 团队准则（group guidelines）
- 问题解决会议（problem-solving meetings）
- 团队会议（group meetings）

第六章　平息风暴

一般的教育从业者通常是借助传统的训诫，处理激烈冲突来恢复秩序，包括安抚“受害者”，惩罚“肇事者”。相反，那些受过指导的早期教育专业人员会首先从恢复自身情绪着手，进而平复所有当事人的情绪。通常经过一段时间，有时也需要一些空间的冷静后，早期教育专业人员会主持一场引导性谈话或者调解来解决问题，并且恢复学习情境中鼓舞人心的氛围。

心理面貌：首先管理你自己的情绪

当教室里出现巨大冲突时，为何有些教师能够保持冷静，而有些教师则很难管控自己的情绪？“首先平复所有人包括你自己的情绪”是一项重要引导措施。没有谁（包括成人和孩子）能在自己心烦意乱的时候文明地解决冲突。甚至传统训诫中都强调：“不要出于愤怒而使用惩罚！”关于早期教育的指导纲要里提到类似的一条是“首先管控自己的情绪，然后安抚和引导别人”。

让我们来直面这个问题：成人的暴怒或者轻微的愤怒，即便看上去非常正当，也会让托幼机构环境中的所有人身处艰难境地。如果成人不能稳定地控制冲突以及在孩子出现棘手的行为问题时心烦意乱，也会导致这样的结果。如果这些问题是因为教师的个人生活出现危机或者长期的个性因素，那么这位教师需要采取措施来解决自己的问题。

有一种有效的措施是通过身体运动来缓解沮丧情绪，无论去健身房游泳或者跑步，还是仅仅在一天生活里少坐、多活动一下都可以。瑜伽或者其他身心灵活动也能使人保持良好的心理状态。你应该知道成年人满足基本需求的三个要素：吃好，休息好，和家人、朋友保持紧密关系。

在倾诉和倾听上，同事或朋友非常重要。除此之外，家人和其他朋友也会倾听你并且随时为你提供支持。或许也可以考虑心理咨询和治疗，做这些并不意味着显示你在专业中的弱点，而是显示你的强项。“为了照顾好孩子，你要先照顾好自己”这句话是至理箴言。当教师的个人处境影响到工作时，他需要改善自身的个人支持系统。

把它留在门外

早期教育专业人员不能把个人烦恼带进教室，这个说起来很容易。但不可否认，很多教师确实在一天之初与孩子互动时心情会慢慢变好。这是好事！

格伦达（Glenda）老师这个星期都经受着牙痛的折磨，她丈夫这几天也不在家。她的孩子最近晚上睡眠不太好，格伦达夜里大部分时间醒着陪孩子。一个温暖的早晨，当孩子们入园时，教室通往外面游戏区的门还开着。格伦达到园时已经迟到了，她匆匆地跑进教室。

4 岁的海森特（Hyacent）紧跟着格伦达跑进教室，海森特开心地绕着格伦达转了一圈，然后在她面前跳着停下来，指着自己的脚说：“我有一双新运动鞋，老师！”格伦达知道这个小女孩盼望得到一双新鞋很久了，她微笑着俯下身来说：“我看到你的新运动鞋了，它色彩斑斓，我敢打赌你穿着它跑起来一定很快。”“是的，我会的，老师，看我！”然后海森特转过身飞快地奔向操场，格伦达看着小女孩跑到操场的各个角落，停下来跟其他老师炫耀她的新鞋子，格伦达笑得和这个小女孩一样开心。

早期教育环境中，成人自身的心理面貌会直接影响到能否保持平静。南希·韦伯 – 施瓦茨（Nancy Weber-Schwartz）1987 年发表在《幼儿》杂志的一篇文章中明确了这一点。我认同她的观点，并且出于尊重，我将直接使用她的一些表述来阐述当前的论点。韦伯讨论了关于耐心和理解的问题，我查阅了词典里关于“**耐心**”（patience）的定义，发现韦伯 – 施瓦茨的定义与之完全相同，它被定义为“一种接受或者忍耐麻烦、困境或者苦难并且没有表现出愤怒或者沮丧的能力”。

根据韦伯 – 施瓦茨的观察，那些有耐心的成人往往认识到早期教育环境困难丛生，成人必须能不受愤怒或者沮丧情绪的干扰。耐心的教师更有可能是在**忍耐**（tolerate）这个环境中的互动，而不是尽力去理解甚至去享受这些互动。这些成人可能会与孩子保持一定的心理距离，因为他们认为孩子常常是这些麻烦和困难的制造者。在韦伯 – 施瓦茨看来，在某种情况下，会有某个孩子或者冲突让成人失去耐心。这个孩子可能会成为教师无意识中的靶子。你可能经常听到别人说：“你是教小孩子的呀，那你肯定非常有耐心！”

而韦伯 – 施瓦茨认为，**理解**（understanding）是指对别人保持一种开放的态度。教师可以很有耐心，但是不一定能理解幼儿。她的意思是，早期教育专业人员应该在此时此刻理解幼儿，并且充分理解他们未来的发展。

让我们通过先前提到的格伦达老师和海森特的故事来说明一下。一个成人如果感觉他的工作需要耐心，那么他自身遭受的困扰可能会影响他的行为反应，而且他的耐心也可能会消耗殆尽。一个兴奋的孩子跑到教室，成人可能对此发出警告：“不要在教室里奔跑！”如果是这样，那么对于上面案例中的成人，我可能会称之为“老师”，而不会亲切地称呼她的名字。“老师”的警告会让海森特当场扫兴，再也不会在学校里分享她的感受。她对生活中的重要他人的信任也会越来越少。

相反，格伦达把自己的处境搁置一边，去理解新鞋子对海森特的意义，并且平静地与孩子一起欣赏新鞋子。这种有质量的共情瞬间会维系孩子和成人之间的信任，并拉紧两人的关系纽带，不管未来的互动是什么样子的。

在我过去的早期教育课堂上，研究生雷娜［就是我的《引导事项》专栏文章《攻击性，前传》（Aggression, the Prequel）（2011c）中描述的那位教师］对韦伯和我所定义的“耐心”持有异议。雷娜说在她的国家马来西亚，耐心被认为是一种高尚的品质，而不是韦伯－施瓦茨和我所描述的那样。下课时，我请每个学生都继续思考这个问题，并且在下节课上继续讨论。

下一次课开始时，雷娜举手说：“我又进一步思考了这个问题，我认为这里有**开明的耐心**（enlightened patience）和**不开明的耐心**（unenlightened patience）之分。当一位教师在孩子面前克制自己是因为她理解当前处境对这个孩子的意义时，这是一种开明的耐心；但是，如果一位教师不理解这个孩子，只是因为要隐忍而克制，这就是一种不开明的耐心。”

格伦达老师克制自己，没有提醒海森特不要在教室里奔跑。这是因为她理解这双新鞋对这个孩子的意义。你觉得雷娜能认同这位教师表现出的是开明的耐心（又被称为理解）吗？

谨慎地表达愤怒

想象一下这个场景：你看到 5 岁的马隆（Marlon）发现悉尼（比马隆小 10 个月）从一辆小三轮车上下来，马隆立即骑上去并且开始加速，经过门口的时候轧过了悉尼的脚趾。你安慰悉尼并检查其受伤情况后走到马隆面前。马隆笑着说：“悉尼不玩这辆车了，所以轮到我了。”

无论个人支持系统的状况如何，任何教师多少都会有愤怒情绪，这是正当的，尤其在教幼儿的时候是可以理解的。20 世纪 70 年代，一位具有领导地位的教育心理学家海姆·吉诺特（Haim Ginott，1993）说道：愤怒并不能总是被控制住，但是可以被管理。

> 教师所面临的教学现实是超额的班级、无尽的要求、突发的危机，其愤怒情绪不可避免地会产生。教师并不需要为他们有愤怒情绪而道歉。一位高效的教师既不是受虐狂，也不是殉道者。他也没必要表现得像个圣人或者天使……愤怒的时候，开明的教师会表现出真实的情绪。他描述他的所见、所感、所想。他抗击的是问题，而不是人。他知道愤怒是因为他正在应对自己无法掌控的局面。他使用“我”作为主语来传达信息，以此保护自己和学生免受伤害。（pp.72–73）

“我”作为主语的信息［**我—信息**（I-messages）］是用非惩罚的方式表达强烈的感受，并且重点强调教师对孩子的担心。吉诺特是这样表述“我—信息”的：

> “我很烦恼”“我感到震惊”“我特别特别生气”比以下说法更安全：“你是害人精”“看看你做了什么”“你太愚蠢了”“你以为你是谁？”。（p.87）

吉诺特建议，通过“**描述、表达、引导**”（describe，express，direct）练习的方式可以更好地使用“我—信息”传达策略。这种保障措施可以引领教师针对问题而不是孩子的人格。在上面那个抢三轮车的场景中，教师走近马隆，屈膝单跪在他旁边说：

［**描述**］我能理解你觉得轮到你骑车了，但是马隆，我感觉当时好像是

你把悉尼赶下车，而且你轧疼了你的小伙伴。

[**表达**] 看到刚才发生的情景和有人受伤，我很担忧。

[**引导**] 我们要想办法让悉尼好受一点。你呢，想一想下次如何避免有人受伤。让我们来认真讨论一下。

用“我”作为主语传达的信息非常强大，但是需要有选择、有考量地运用，不能成为教师常规反应的自动部分。谨慎地表达愤怒本身不是目的，而是实施安抚技巧的初始点，可为冲突当事人参与讨论做好准备。

评论事件本身而不是孩子的人格是一项重要的引导性措施，吉诺特认为这是**首要原则**（cardinal principle）。他认为，当教师表达不满情绪但是依然保护孩子的自尊心时，孩子更有可能倾听和回应。我高度赞赏吉诺特的这个观点。

平复幼儿情绪的实践

成人在情绪激昂的时候也无法解决冲突，所以不能要求幼儿有这样的本事，要知道他们的成长经历是按月而不是按年算的。但是，我们可以期待幼儿在我们的教导和示范下取得进步。

教师知道，当一个孩子太伤心而无法表达时，他们必须首先平复孩子的情绪，然后去解决冲突。面对伤心的孩子，成人别无选择，也只能帮助他先平复情绪之后再说。这种情况下，强烈的感受对这个孩子来说是真真切切的。其他任何事情，比如让孩子解释到底是怎么回事或者试图让孩子强烈的情绪迅速平静下来，都只会加剧孩子的挫败感。那么问题来了，教师该如何帮助孩子平复情绪呢？

回应性倾听

成人会使用不同的术语来描述基本的技巧。我们这里使用“**回应性倾听**”，这是对情绪的支持性接纳。这种技巧需要成人使用非评判性语言描述孩子当下表现出的情绪，这样做能让孩子知道成人尊重、关心和理解他的感受。下面是两个例子：

- “沙琳（Sharlene），你的脸上挂满泪珠，看上去伤心极了，你想坐在我腿上吗？”
- “你和乔西亚（Josiah）踢腿的时候伤到腿了，我们在这里待一会儿，等你感觉好点了再讨论一下如何解决问题。”

在回应性倾听之后经常用到的一个情绪平复技巧是让孩子深呼吸，边数数边深呼吸（Gartrell，2014）。一位使用这个技巧的教师说他班上的一个孩子自己会深呼吸，这个孩子说如果他不这样做，他“真的会发疯”。对于大一点的孩子来说，另外一个技巧是只数到 10 而不做深呼吸。另外一位教师说她听到一个 6 岁的孩子数得很快，她建议这个孩子再数到 20，因为他看起来依然很沮丧。

如果一个孩子拒绝深呼吸或者数数，不要与之对抗。引导孩子去思考属于他自己的情绪平复方法，并且给他一些时间来做。记住，有些孩子，尤其是很多男孩，需要更长时间来处理这些事件，以平复自己的情绪（Pollack，2001）。孩子有时候需要比教师所预期的更长的时间来进行自我平复。在这种情况下，隔离可能是平复过程中一个有用的技巧。我们称之为“**冷静时间**”（cooling-down time）。

冷静时间——而非“冷板凳时间”

坐冷板凳这个技巧通常是让孩子暂时离开当下场景到房间另外一个隔离的角落独自待着，这时孩子是不可以做其他事情的。不管把一个孩子隔离在同一个房间中封闭的角落还是隔离在房间外面，如果没有成人的陪伴，就都是不可取的有害干预策略（Copple & Bredekamp，2009）。这么多年过去了，很多人诟病坐冷板凳这个技巧在早期教育中被滥用（Gartrell，2014；Preuesse，2002；Readdick & Chapman，2000）。

在坐冷板凳的时候，孩子可能会为自己被隔离而感到羞耻，而且会时不时以获取一下教师的负面关注（比如批评）为乐。这种发展事实上意味着被冷落的这段时间并没有教会孩子如何更好地与人相处。尽管坐冷板凳被教师认为是一种符合逻辑的后果，但是这种效果对孩子来说无疑是惩罚性的。被冷落会降低孩子的自尊并且让他们产生对教师和学校的不良感受（Readdick & Chapman，2000）。在我看来，坐冷板凳会让孩子产生长期的“压力—对抗”循环，这是引导性教师要努力避免的一种状态。

而冷静时间与坐冷板凳不一样（Gartrell，2014）。在传统的坐冷板凳策略中，教师将孩子隔离在房间中一个安静的角落里，作为冲突导致的后果。教师通常会让这个孩子思考一下自己刚刚做了什么。普罗伊斯（Preuesse，2002）指出，这种要求对发展中的孩子来说显得不适宜。到 3 岁左右，孩子刚开始理解情境动态，这种能力到成年时期才发展成熟。这就是成人的引导如此重要的原因。如果没有成人的帮助，坐冷板凳可能会让孩子感觉很有压力，并产生愤怒和受伤害的感受，而且会给自己打上不良标签（Readdick & Chapman，2000）。

在决定要把孩子从群体中隔离之前，引导性教师会自问自答下面这两个问题。

第一个问题是：我把这个孩子带走是为了让他平静下来以便事后交谈，还是因为他的所作所为让我想把他带走？真相是教师有时隔离一个孩子是因为自己很愤怒。但现实中有比赶走孩子让他去坐冷板凳更好的应对愤怒情绪的方式。

如果孩子没有恼怒，更加合适的回应方式是你自己数到 10 然后调解冲突（见本书第七、八章）。“肇事”的孩子通常不想听到被伤害的孩子和教师提起他造成的伤害。但是头脑冷静的调停正是需要调停人在一方言之凿凿的时候弄清楚究竟发生了什么事情（Galinsky，2010）。如果成人可以管控好自己的愤怒并且通过调停或者引导性谈话解决冲突，那就说明他具备了高水平的引导技能。

第二个问题是：孩子会因为我在场而更容易平静下来，还是会因为我在场而让情况变得更加复杂？成人可待在孩子身边以便缓冲隔离孩子带来的惩罚效应，并且在平复孩子的情绪之后进行调停。如果孩子能认识到有成人在旁边会让自己感觉好受一些，他们可能会备感安慰。当然，有时教师非常了解这个孩子，意识到他必须有一个个人空间来平复自己的情绪。这里值得重申的一点是，很多男孩以及一些女孩需要足够的“时间和空间”来使自己平静下来（Pollack，2001）。在这种情况下，教师可让孩子先平静下来，给他足够的空间，之后再帮助他解决问题。

下面这个例子阐述了合理使用隔离来平复孩子情绪的策略——这与坐冷板凳的惩罚是截然不同的。

埃尔达（Eldar，39 个月大）与罗热（Roget，42 个月大）一起在桌子旁边玩橡皮泥。正好有两个孩子走了，罗热拿过他们留下的几块橡皮泥。埃尔达没有问“我看你有很多橡皮泥，可以给我一些吗？”，罗热也没有说“我有很多橡皮泥，给你这块吧”。相反，埃尔达抢走了罗热左胳膊底下露出来的橡皮泥。罗热抓住埃尔达的腰，用力捏他。埃尔达疼得叫起来，腾出手来打罗热。

达茜（Darcy）老师迅速走到桌子旁边，把两个孩子分开，走到他们两个中间。两个孩子都非常懊恼，达茜说："我听到有人大叫，我看到有人在哭，我们都需要平静一下，然后再来讨论发生了什么。你俩都先深呼一口气。"达茜做了个示范。埃尔达和罗热都跟着做完了深呼吸。

"埃尔达，我需要你把椅子移走，这样你就有更大的空间了。罗热，你也移走椅子，这样你也有很大的空间。"这两个孩子还记得达茜之前的帮助，所以他们照做了。在深呼吸和挪椅子之际，两个孩子的情绪平复下来。达茜开始调停（第七章会具体讲述）。她说："现在我们都平静下来了，让我们来解决问题吧。请把你们的椅子移到我这边，罗热，我先听你讲发生了什么，然后我再听埃尔达说，罗热你先……"

如果发生伤害或者严重的破坏性事件，成人引导者要介入。他们先要检查有没有孩子受伤，帮助孩子平复情绪，然后通过引导性谈话和冲突调停来解决问题、促进和解。很多时候，教师需要推迟调停中问题解决的部分，不管是因为孩子需要更多的时间来平复情绪，还是因为早期教育专业人员必须关注当下发生的其他事情。有时事后调停实际上更有效力，因为冲突已经过去了。考虑到专业人员在冲突发生的时候表现出的积极领导力，时间可能是教师的良师益友。

儿童自我移动

早期教育专业人员有时候会教孩子采用**自我移动**（self-removal）的策略来管控情绪。自我移动只是在教孩子使用非伤害性语言这个长期目标中的一个中期目标。自我移动对很多孩子来说是非常重要的成就。教师知道，当一个孩子有效使用自我移动策略的时候，就是孩子正在应对强烈的未能满足的需求。

我记得一个很有智慧和经验的老师内莉（Neilie），她善于引导孩子管控愤怒。有一天我到了她所在的那所幼儿园，贾森和老师站在一扇关闭的侧门外，正在对着风大喊。（在平常的日子里，内莉不会允许贾森这样发泄，他会被阻拦的。）

又有一天，贾森和同伴产生了冲突，他走到老师面前说："内莉老师，我非常生气！"内莉回答："我看到你确实很生气，贾森。谢谢你过来告诉我。你去卫生间关上门，然后往洗手池里吐，多久都可以，怎么样？"几分钟后，情绪平复的贾森走出卫生间，直接走到喝水的地方，他已经口渴了。内莉老师快速清洗了洗手池，然后表扬贾森能让自己离开事发地并且处理了自己的愤怒情绪。她和贾森进行了一番引导性谈话后，让他重新加入小组活动。

内莉老师不光教贾森自我移动，还做了其他事情来处理他的问题。内莉从贾森妈妈那里得知他们夫妻一直处于争吵状态。贾森和他的妹妹目睹了家中的暴力行为。他的爸爸已经开始去戒酒了。内莉老师非常努力地维持和他妈妈的关系，但是同时也会跟他爸爸保持联系（内莉认识他）。在教室里，教师们会与贾森共度美好时光，包括每天谈话以与教师建立相互信任的关系。久而久之，贾森开始在掌控愤怒上取得进步。

自我移动只是帮助孩子应对难以管理的压力的综合性引导方案中的一部分。随着时间的推移，教师可能会注意到孩子开始越来越少地使用自我移动来作为情绪管控策略，更多地使用习得的行为来摆脱每天的麻烦处境。如果是这样，他们应该会很开心，因为孩子正在从三级错误行为前进到一级错误行为。引导性谈话应该继续进行，但是教师也应该致力于参与对孩子来说更有意义的活动。在贾森的例子中，教师对他的加入表现出非常友好的期待。

目前用得比较好的师生都可以用的自我移动整体方法是在教室里把一个小角落布置成一个热带小岛。这个角落可以有象征沙子的地毯，周围被一圈海水环绕。它也可以有真的或者塑料的棕榈树，一只毛茸茸的海洋动物，轻柔的音乐和坐垫。当孩子（或者成年人）出现三级错误行为并需要放松时，他们可以去那个小岛。

教师可以给孩子提供选择——是去小岛还是坐在椅子上来平复情绪，但是不能命令孩子必须去小岛（这个小岛是一个冷静的地方，不是一个坐冷板凳的欢乐场所），教师也要注意那些自己去小岛的孩子。成人要友好而安静地为这些小游客提供帮助。（如果一个教师花太多的时间在这个小岛上，可能需要成人的引导性谈话或者一些离开工作的时间。）

预防伤害的控制

有些孩子在生活中经历了有害的压力，结果表现出攻击性行为这种三级错误行为。来自攻击性行为的情绪补偿，包括在冲突中产生的肾上腺素激增会强化孩子的攻击性。教师要使用坚定而友善的言语和行动来阻止这种“压力—对抗”的恶性循环。如果教师允许任何一个人助长集体中的伤害与被伤害风气，那就会损害引导的基础。

危机预防研究所（The Crisis Prevention Institute，CPI）和正向行为干预支持技术援助中心（The Technical Assistance Center on Positive Behavioral Interventions and Supports，PBIS）是两个公认的预防和正向应对严重的儿童冲突的系统。

1. 危机预防研究所是“一个国际培训组织，致力于提供以预防为重心的最佳实践和安全的行为管理方法”。CPI 提供一套综合性体系，用来建立正向环境，并以最低强制限制技术应对冲突，这套技术在有潜在伤害威胁的情境中是适宜、有效、安全的（CPI，2012）。CPI 提供的培训和咨询不限于在学校教室里使用，还用于行为管理和精神疾病患者照料中。其网站报告:“从 1980 年以来，有数百万来自世界各地的服务人员参加了 CPI 的培训项目。”

2. 正向行为干预支持技术援助中心主张并培训教育者在全校范围的项目中预防和正向干预严重的攻击性和破坏性行为。PBIS 是由美国教育部特殊教育项目办公室创建，它适用于全国各地并且已经被 21550 多所学校使用。

网站上介绍，班级 PBIS 项目包括预防性和应对性方案，它可能对教室里所有的学生都有效，并且被密集地用在小组和少数个别学生身上。班级 PBIS 策略是减少破坏行为、增加教学时间、提升学生社交和学业成就的重要工具（PBIS 2017 年被采用）。值得注意的是，在 PBIS 中人身限制和驱逐是最后的策略，不会在普通的班级破坏行为中使用。它的目标在于预防严重的问题行为爆发，但是一旦爆发，并非使用不当惩罚，而是使用干预措施，以减轻冲突的发生并减小伤害的可能性。

CPI 和 PBIS 都是以引导为取向的系统，它们比目前还在很多班级中使用的传统武断式训诫更佳。CPI 和 PBIS 正在帮助教育者学习营造正向的环境，并处理可能产生暴力的情境。然而，我认为这些系统都并非为幼儿设计。幼儿的情绪和社会行为发展处于初步阶段，这意味着他们可能无法像大孩子那样理解言语和非言语线索。当幼儿情绪失控时，他们是彻底崩溃的，会踢、咬、扔东西。毫无疑问，通过这些系统的培训，让早期教育专业人员应对这些行为是有益的。但是，当面对一个学龄前儿童具有伤害性的全面大爆发时，教师不得不诉诸最后的平复情绪方法——“**被动熊抱**”。

控制和被动熊抱

被动熊抱（PBH）在早期教育项目中应用了很多年，是平复情绪方法中的最后一招，需要注意的是，它不同于过去在孩子身上使用的任何一种体罚。这种控制不是棍棒敲打、打屁股、打耳光、揪耳朵、拔头发、卡后脖子、重锤指关节、报复性回咬、用胶带封上嘴巴、绑在椅子上，也不是推拉孩子，更不是拎着孩子让他的头朝下。

当孩子在身体和情绪上失去控制的时候，教师可使用被动限制身体策略。当某个孩子攻击其他孩子时，教师或者其他成人就需要对其采取身体限制。还有种可能是孩子用身体某些部位撞击地板或者墙壁而引发的自残行为。采用这种策略就是抱住孩子，不让他用胳膊、腿或者头伤害到你或他自己。具体来说是用胳膊抱住孩子胳膊，用腿包住孩子的腿，成坐姿。教师抱住孩子面朝外偏向旁边一侧以防止孩子用头向后猛磕。

一旦教师认定这种被动熊抱的方式很有必要，就要负责到底。孩子一般会做出求生性行为，强烈反抗这种身体的限制。对任何早期教育专业人员来说，这都不是一种令人愉悦的技术，但是教师需要坚持，同时要安慰这个孩子。对于很多孩子来说，宽慰的话、轻轻哼唱和抱着轻摇都是管用的；只要安静地待一会儿，其他孩子的情绪就可以平复下来。在那个时刻，孩子没办法自己限制自己，教师可以对其进行被动熊抱。

当孩子发现教师并不是要伤害他，而只是提供必要的帮助时，他会平静下来。慢慢地，大多数孩子会发现这种身体的亲密接触很舒适。尽管看上去有些怪异，但是很多教师都说被动熊抱到最后，都是孩子依偎在教师的怀里。（这里究竟是谁需要拥抱还是个开放性问题。）这时如果孩子能平静地讨论发生了什么，教师就会进行引导性谈话，但通常是在之后进行谈话。身体被限制之后，孩子（和成人）都会比较疲惫。教师要引导孩子做一些安静的活动，比如看书、促进和解等。

刘易斯（Lewis）和丹尼丝（Denise）都是5岁的孩子，正在画架的两面画画。刘易斯从旁边瞄到丹尼丝画了蓝色天空，就在上面加了几笔红色。丹尼丝拿着蓝色刷子画在刘易斯的身上。刘易斯放下画笔，把丹尼丝推倒了。丹尼丝躺在地上大喊大叫并踢刘易斯的脚踝。刘易斯非常愤怒，猛扑过去。这时候凯尔（Kyle）老师过来给刘易斯一个被动熊抱限制住了他。

刘易斯想要挣脱开，最终也没成功。过了一会儿凯尔宽慰他，刘易斯安静下来了。凯尔帮助刘易斯洗掉胳膊上的颜料，然后走向丹尼丝。她正坐在地板上看着他们。凯尔靠近刘易斯，在这天剩余的时间里跟他相处了很久。后来他和两个孩子分别进行了引导性谈话，最后告诉刘易斯的妈妈他这一天过得有些糟糕，但是后面好了很多。在接下来的几天中，凯尔继续观察刘易斯并且有意与他建立关系。刘易斯在接下来的一周情绪都缓和了很多，只有少数几次冲突，但都不如之前画架旁边的那次激烈。

被动熊抱政策和实施

在实施被动熊抱之前，需要制定书面的政策来说明如何使用它。或许一旦需要实施被动熊抱，就要有其他员工在场，每次实施之后，应该有一份书面报告。当然，这个政策制定需要与本地区关于行为管理的教育法规相一致。一般的幼儿教育机构都会制作一本写有所有政策的小册子，在招生的时候给家长看。关于被动熊抱的政策可以纳入引导部分。

教师可以在这一天结束时做一个自我检查：我所使用的这种强制措施对防止进一步伤害是有必要的吗？没有引发更多的伤害吗？教师和孩子有人受

伤吗？幼儿教育机构可以制定使用被动熊抱的报告表。召开班级会议来缓解幼儿的顾虑也很合时宜，可以恢复幼儿的安全感。

通常来说，在运用被动熊抱政策时幼儿园教师需要遵循本书第九章提出的“**综合引导**”（comprehensive guidance）的原则。该原则旨在有目的地引导儿童在面临冲突时有效进行压力管理并做出无伤害的反应。与家长的沟通需作为计划的一部分。

幼儿的生活经验短暂，有时他们的生活会遭遇困难。在帮助孩子学习控制情绪之前平复他们的情绪是非常重要的引导步骤。但是，当严重的犯错行为随着时间持续时，仅仅帮孩子平复情绪就远远不够了，还有必要实施一整套针对三级错误行为的系统解决策略。

练 习 和 解

正在读本书的你可能对自己在学生时代跟老师发生的冲突耿耿于怀。但是，如果老师在事发后的一天中表现得跟平常一样，那么你的不良感受可能会得到缓解。如果你察觉到老师的态度有所变化，那么你可能会觉得度日如年。

作为团队的领导者，教师需要示范和表示原谅。正常情境下，孩子们的心理都比较有韧性，不会记仇，他们比多数成人更容易原谅别人。因为教师是他们生命中的重要他人，所以孩子们想要跟教师成为好朋友。刘易斯和凯尔就是这样的。凯尔在对抗之后又找回了她和刘易斯之间的友谊。早期教育专业人员只是让他们和孩子重归于好。但是，我们仍然会说，有些孩子需要一段时间来平复沮丧的情绪，最好不要强迫孩子道歉。

培养道歉意识

你曾经被要求给某人道歉吗？尽管你并不心甘情愿。不管你是出于情面还是因为道歉也无妨，你可能都会感觉左右为难。孩子也是这样的，尽管大部分孩子会经历多数成人不会经历的事情。除非孩子的安全需要常常得不到满足，否则他们很快就会恢复平静，重归于好。对于幼儿来说，不跟别人友好相处，还能做什么呢？以我的经验看来，这在孩子之间以及孩子与成人之间都适用。

幼儿不太知道何时以及如何调解冲突。成人不应该强迫孩子道歉，然而我们经常听到大人说的一句话是："那你现在说对不起吧。"如果道歉是一个孩子对另一个孩子所作所为的惩罚性后果，那么这个道歉对实施者和接受者来说都是矛盾的。真正的和解是孩子内心的冲突得到解决。

第七章关于引导性对话的内容和第八章关于冲突调解的内容会给教师提供一些工具来引导孩子解决冲突、重新和解。现在我们会说：在冲突解决并恢复到以往的平衡状态之后，告诉孩子另外一个孩子感觉不太好，感到很受伤害。问问这个孩子怎么做能帮助另外一个孩子感觉好点。不需要用惩罚性的威胁，年幼的孩子经常会自己想出办法，诸如以下这些点子：

- "我们可以亲吻一下他。"
- "我们可以在上面放一块湿毛巾。"
- "我可以握握他的手，说对不起。"
- "我可以问问她是否想要一起玩。"

有时孩子并不会立即准备好和解。他们还在努力解决冲突。我建议我的实习教师在这个时候告诉孩子："我看你现在还没准备好，没关系，等你准备好了，你会找到办法和他重归于好的。"有一个这样做的实习教师将此写在日记中，她认为孩子不会和好（我对此的批注是“不一定”）。后来就在同一天，这个实习教师看到两个孩子又一起玩了。她继续写道：“我本来以为我赢了你，丹，天知道他们俩最后竟然又和好了。”

如果孩子们是自己和解的，他们也不会有什么和解仪式。他们只是恢复到冲突发生前的样子。

奥布里亚（Aubrea）和乔莉（Jolie）是同龄的好朋友，都是55个月大。他们一起玩的时候出现了问题。她们每个人都有魔杖，但是奥布里亚把她的放下了。乔莉正在帮另外一个好朋友找魔杖，她搬出教室规则告诉奥布里亚：“你把魔杖放下了，说明你不玩了。”奥布里亚把乔莉叫出扮演游戏区，紧握着拳头告诉她的朋友：“我再也不会跟你一起玩了！”教师帮助奥布里亚平静下来，提醒她这个教室的规则，并且建议她做一个自己喜欢的颜色的魔杖。

1小时之后，奥布里亚和乔莉在一起玩一个发光片的游戏。奥布里亚问乔莉想要什么颜色并且把这个颜色的发光片送给她。乔莉让奥布里亚来决定把这些发光片放到展示板的哪个位置。这两个孩子在之后的早上以友好的方式一起工作。教师正是使用处理冲突的引导手段来让他们和解。孩子们自己也和好如初。

因为教师也是人

教师也会过度反应，跨越坚定和苛刻的界限，这对于所有教师来说都是一个挑战。因为通过非伤害性的方式表达强烈的情绪对有经验的成人来说是一种比较高水平的技能，教师有时确实会跨越这条线。也许从过度反应中恢复的第一步就是承认自己的感受并且原谅自己。只有这样，我们才能发现如何使得局势更明朗，并且与他人和解。午夜沉思的想法可能也是疗愈的一部分，和别人讨论交流对我们来说也非常重要。孩子们有时需要我们是坚定的。如果我们记住，在我们坚定之下的本质是对每个孩子价值的尊重，那么和解就为充分理解自我和建立更积极正面的关系提供了可能。

和解关系到时机和是否心甘情愿。很少的人会在冲突之后立即就心甘情愿地向对方道歉并且痛改前非，成人和孩子都是这样。孩子尤其是男孩，可能不会因为教师在场就心甘情愿地道歉，他们需要一些时间来处理自己的情绪。（当他们不再激烈地抵制对话的时候，就已经做好讨论的准备了。）在充足的冷静时间之后，和解经常是在后续的引导性谈话中达成的。当然有的孩子会花更久的时间。教师要接受这种犹豫并且继续为孩子展示接纳。

随着时间的推移，当教师邀请大家来和解的时候，孩子们通常愿意听从教师的建议。对于幼儿，道歉和接受道歉通常是非言语表达的。一个拥抱可能代表“请原谅我吧”同时也表示“我原谅你了”。在鼓励型学习共同体中，教师需要向孩子示范自己也是从错误中学习的。真正的和解意味着改变，而当教师采用引导性策略时，孩子的改变会每天促使其学习和成长。

讨论问题

专业的早期教育工作者的基本素养之一是尊重幼儿、家长和其他同事，并尊重他们的隐私权。在完成下面的活动时，请注意尊重所有当事人的隐私。

1. 选择“心理面貌”一节中让你很有收获的一点。对于为什么选择这一点，请分享你的想法。
2. 选择“平复幼儿情绪的实践”一节中让你很有收获的一点。对于为什么选择这一点，请分享你的想法。
3. 选择“预防伤害的控制”一节中让你很有收获的一点。对于为什么么选择这一点，请分享你的想法。

4. 选择“练习和解”一节中让你很有收获的一点。对于为什么选择这一点，请分享你的想法。

核心概念

核心概念的定义见本书第 205—213 页的术语表。

- 首要原则（cardinal principle）
- 被动熊抱（passive bear hug）
- 冷静时间（cooling-down time）
- 和解（reconciliation）
- 描述、表达、引导（describe，express，direct）
- 回应性倾听（reflective listening）
- 我—信息（I-messages）
- 自我移动（self-removal）

第七章　通过引导性谈话教幼儿管理冲突

童年早期健康的情绪和社会性发展能给儿童各方面的认知学习提供心理支持。这就是教师要努力确保幼儿拥有积极学习经验的原因。在这个时期，儿童全方位的发展都会加速。早期教育专业人员致力于让儿童全身心地参与到学习活动中。教师需要有目的地创建促进认知发展的教学项目，当然，他们也依赖发展适宜性教育实践和引导性谈话，以确保能激发孩子进一步学习的欲望（Copple & Bredekamp，2009）。通过这种方式，教师激发儿童关键学习最重要的发展体系包括内在掌控动机。

马克西（Maxie，49个月大）第一次尝试玩小乐高块，以往她都是玩大的得宝（Duplo）乐高块。她正在搭建一所蜘蛛侠住的房子。但是她在建一堵墙时遇到了困难，马克西想把窗户安上，但是她找不到合适的乐高块。马克西搞坏了自己的建筑，以头撞桌子并大声喊：“该死！”

沙琳老师认为这只是第一级错误行为，她坐在这个孩子旁边问：“你遇到麻烦了吗，马克西？”

马克西头也没抬地说：“那个该死的窗户装不上！”

沙琳拍拍她的肩膀说：“我在想你要不要搭建一座更好的建筑？（停顿）或许你可以用大的砖块做房子，然后用小的砖块为蜘蛛侠做桌椅。”

过了一会儿，马克西坐起来说：“好的，还可以做一张床。”

沙琳老师补充道：“还记得你说的‘该死’那个词吗？在幼儿园里它不受人欢迎哦。”马克西做了个鬼脸但点了点头。沙琳老师问：“那你下次可以说什么来代替它？”

马克西笑着看向沙琳老师并回答：“这真难啊，该死的！”

沙琳老师摇摇头，严肃地说：“马克西，再试一次！”

马克西说：“真难啊！”

沙琳老师笑了。“这就对了，如果你这样说，我会过来看看你是否需要帮助。”

“好的，老师。”马克西开始收拾得宝乐高块。

为了保证积极的学习，即便在冲突的情境中，引导性谈话也意味着教导孩子获得力量。马克西使用冒犯性语言引发了冲突，因为“该死”这个词语让别人（包括沙琳老师）感觉不舒服。沙琳依然给予马克西情感上的支持；与此同时，她也教孩子修正自己的用词。沙琳与马克西进行了一场经典的**引导性谈话**。

引导性谈话就是采用**观点采择**（perspective taking）和**鹰架**（scaffolding）。这种双重操作意味着理解孩子处在当下的情境中，并且通过互动谈话润物细无声地引导孩子从当下的情境中学习处理未来问题的经验。再回顾刚刚那个小插曲，沙琳老师看到马克西因为没完成搭建而懊恼，她理解马克西的心情，然后建议马克西选择另外一种方式，以此鹰架支持孩子控制自己的情绪。沙琳老师处理了马克西不当的言辞，也保证儿童积木搭建游戏继续进行，她通过活动来支持儿童的掌控动机。这就是马克西立即接受沙琳老师建议的原因。

为什么幼儿需要引导性谈话

幼儿的人生面临独特的问题，每天都需要解决，这些问题涉及以下各个方面：

- 飞速发展但仍处于初级阶段的大脑；
- 依赖别人满足各种需求；
- 社会经验（尤其是家庭以外的经验）有限；
- 手眼协调能力依然在发育，所以看起来简单的任务也会让他们焦躁；
- 大脑发育的模式导致非正常的学习行为；
- 学习情境之外（有时是情境之内）产生的有挑战的生活经历；
- 对压力及其影响的高易感性。

以上这些压力源的任何组合都会让孩子的日常生活变得非常有挑战性。马克西第一次尝试用小乐高块搭建窗户时产生的懊恼情绪就是一个例子。

正如马斯洛所坚持的观点，想要获得安全感是儿童最强的基本动机。只有这些需求得到满足，他们才能建设性地产生第二层级的动机——学习和心理成长。因此早期教育专业人员的工作涵盖两方面：尽力帮助孩子满足寻找安全感的需求，同时，促进他们满足自己为了学习和成长而应该具备的执行功能需求（Cairone & Mackrain，2012）。每一个早期教育专业人员都应该在和孩子互动时将这两个部分植入内心。譬如，在上面提到的马克西的例子中孩子遇到冲突的时候。

还是小不点的年龄……

卡尔森 – 佩奇和莱文（Carlsson-Paige & Levin，1992）指出了教授社会性问题解决中的发展性因素。他们是这样表述的：

> （幼儿）倾向于用当下视角、物理状态看问题，另外他们只会

根据自己的观点来看待问题。只有伴随着经验和年龄的成熟，儿童才慢慢开始以更加广阔的视角看待问题。这是一种更加抽象的视角，其中涉及潜在动机、感受和意图，而且他们会超越自己的观点。在孩子达到这一发展状态之前，教师都需要帮助他们。（p.7）

按照我们的观点，儿童在发展和经验上依然不成熟，他们需要通过引导性谈话来学习解决社会问题，并且获得立足于当今复杂的社会所需的技能。引导性谈话为孩子这个关键学习过程提供了开端。

关于物权、地权和特权的冲突

丁威迪（Dinwiddie，1994）对于幼儿为何会产生冲突的具体分析进一步解释了卡尔森－佩奇和莱文的观察。在《幼儿》杂志发表的经典文章中，丁威迪认为幼儿通常会在**物权**[1]（property）、**地权**[2]（territory）和**特权**（privilege）上产生冲突和纠纷。

物权争夺是最常见的幼儿冲突来源，通常需要成年人的介入才能解决。正如大家所知，分享和轮流对幼儿来说并非自然本能。两个孩子会同时去争夺一辆小三轮车就是一个例子。

当孩子在集体中游戏的时候，地权问题就出现了。在有些情况下，地权纠纷可能比物权纠纷容易调停，因为共享空间要比共享一个玩具更容易。然而，当一个孩子已经占有一块区域游戏时，他对这个区域的需求的定义可能与其他孩子或者成人完全不一样。下面举例说明：

科林（Collin），28 个月，正在水桌旁边清洗一个玩具鲸鱼。第二个孩子贾宁（Janeen），拿着一个朵拉小人玩具站在科林旁边，

[1] 这里的物权是指幼儿认识到这些物品是自己的这种所有权意识。——译者注

[2] 这里的地权是指幼儿认为“这是我的地盘，不容侵犯”的权利意识。——译者注

那里有两瓶无泪洗发液。科林开始尖叫着把贾宁推开。安伯（Amber）老师走过去，跟科林解释有足够的空间让贾宁站在他旁边。科林带着哭腔指着水桌另外一边说："那边！"安伯老师意识到水桌游戏中没有人破坏约定。她转向第二个孩子："贾宁，这里有一瓶洗发液，你在那边有足够的空间给朵拉洗澡，对吗？"贾宁点点头。（她并不想制造冲突，她只是想给朵拉洗澡。）这两个孩子接下来就给他们的玩具洗澡，直到科林离开水桌区域。另外两个孩子过来，安伯老师协助他们开始游戏。这两个孩子站在一起洗玩具，说明空间不是问题。

在地权纠纷调停中，成人要努力看到孩子要传达的问题，有时候还需要在调停中给一些理由解释。每个早期教育专业人员在这个情境中不仅要看到陷入纠纷的孩子，还应该看到他们有可能被教育成为新生代的调停者。因为在其他时间，科林可能会成为那个后到的孩子。

丁威迪发现特权纠纷是在儿童细微的社会意识持续发展时产生的。特权纠纷，比如谁应该成为一队的排头，谁可以跟谁一起玩，都是在年龄大一些的学前儿童身上出现的，读者应该都清楚，大龄儿童在这方面的冲突比较多。儿童日益增长的社会地位意识会让特权纠纷更难调停。在全班会议上提前讨论确定引导原则会有助于调停这三类冲突，尤其是特权纠纷。"在教室里，我们一起工作，一起玩耍。"这比传统的"你不能说……，你不能玩……"语气显得更积极。

至于排队，一个有效的策略是使用列表规定好谁是排头（如果需要，也规定谁是排尾）。这个列表可能基于年龄、身高或者名字的首字母。用笔画出位置移动，以标记每次是谁拥有这两个特权位置中的一个。

幼儿会表现出丁威迪所表述的错误行为三个层级的冲突。可以预测，儿童在第三级上会将未满足基本需求引发的焦虑带到冲突纠纷之中，会让第

一、二级通常不会出现的危机因素升级。下面这个对于特权的争夺纠纷，就是从一个 40 个月大的孩子的视角产生的，他仅仅是以目前的视角看问题。

盖布（Gabe）老师要给他的亲密伙伴们阅读书籍。他正在介绍罗伯特·麦克洛斯基（Robert McCloskey）的一本年代久远的书《给鸭宝宝们让路》（*Make Way for the Ducklings*，1942）的书名和作者。冈纳（Gunnar），40 个月大，对这些介绍很不耐烦。“快翻书吧！”他大声叫着，然后用手轻扫了一下盖布，打在他腿上。配班教师玛莎（Marsha）停下擦桌子，走到冈纳身边，把胳膊放在他旁边。他爬上她的膝盖。盖布跟冈纳很熟，他悄声地说：“现在我们可要开始读啦。”

其他孩子已经习惯了冈纳突如其来的举动，因为这之后他能迅速恢复正常；他们很耐心地坐着。盖布阅读那本书，给书中的小鸭宝宝都起了自己班上幼儿的名字，他快乐地咯咯笑。他叫第一只鸭子“冈纳”。

故事会结束以后，冈纳开始玩拼图，盖布坐在他旁边等他玩完。盖布说：“我们刚刚读书的时候，你很沮丧呀！”

冈纳：“你不翻页。”

盖布：“那你现在感觉好些了吗？”

冈纳：“是啊，玛莎老师来了，你也开始读鸭子的故事了。”

盖布：“那是一本很好玩的书对吧？我们叫第一只小鸭子‘冈纳’（这个男孩笑着，而盖布停顿了一下）。冈纳，打人很痛的。你知道下次该怎么做吗？”

冈纳：“说‘对不起！’。”

盖布（安静了一会儿）：“听我说，冈纳，要用嘴说，不要打人。你现在重复我刚说的话。”

冈纳：“要用嘴说，不要打人。”

盖布：“这就对了。你可以说‘请翻页！’。如果你那么说，我会听你的。（盖布停顿了一下。）玛莎老师过来让你感觉好点了，对吗？”

冈纳：“对呀，我们一起阅读鸭子的书了，玛莎老师是我的好朋友。”

盖布在此运用了“赞美三明治法”使他的引导性谈话起了作用。三层赞美三明治方法效果最佳：两层正面赞美，然后明确提出一个需要遵守的引导原则，接着再来一个正面赞美。

- **第一层正面引导：**通过承认并接纳冈纳的感受，盖布表现出对这个男孩的理解和支持。
- **第二层正面引导：**盖布帮助冈纳说出他自身如何看待问题，并且协助他认识到解决问题之后应该得到让人悦纳的结果。（注意，盖布这一方不要做评判。）
- **提出引导原则：**盖布很了解冈纳，让他重复说下次应该怎么做。他还建议冈纳如何说。
- **第三层正面引导：**盖布和冈纳讨论接下来发生的事情多么有趣，尤其是当玛莎老师过来坐在冈纳旁边的时候。

至少是这样 3∶1 的比例才会让赞美三明治起作用，尤其是对那些面临挑战的孩子。使用赞美三明治法提醒孩子和成人，成人是站在孩子这一边的。他们在共同解决问题，所以孩子才会感受到自己作为个体本身和团队成员的价值，他会因此持续学习通过非伤害性的方式表达自己强烈的情绪。成人是以友好的方式在引领孩子。

内部引导性谈话

当一两个孩子与成人产生冲突时，早期教育专业人员会通过引导性谈话进行干预。引导性谈话不是公开批评。成人不能借机说孩子错在哪里，为何要道歉。引导性谈话与古老的“教训”不可同日而语。

引导性谈话是与孩子交谈，而不是对孩子训话，对孩子来说它是一个被教导与学习的机会，也同样适用于早期教育专业人员。其中一个原因是，正如所有的引导性实践，引导性谈话要保护孩子的尊严。这种谈话能维持成人与鼓励型共同体成员的积极正面关系。引导性谈话要求成人采取如下做法。

- 从安抚策略入手，这会帮助成人或者孩子降低过度反应的可能性。
- 倾听孩子，这样成人就能够跟孩子交谈，而不是对其训话。
- 帮孩子从自己的视角描述所发生的事情。
- 寻找能够帮助孩子的问题解决方式：①更全面地了解发生了什么；②学会在下次产生同样冲突的时候以非伤害性的方式来应对；③与其他孩子和解。

引导性谈话不是示弱。谈话需要表现出坚定，但这是友好的坚定，不是苛刻的坚定。使用引导性谈话，带来的结果是强化性的，不仅对孩子，对成人也是一样。对于孩子来说，结果是上面几点提到的。对于成人，结果是成人主动帮孩子满足其对安全感的需求，同时助推孩子的心理成长。早期教育专业人员是通过尊重孩子的观点，保护他们的尊严做到这些的。他们教孩子在这个场合下能学到的东西，用非伤害性的方式处理未来的冲突以及与人和解的重要性。在引导性谈话的最后，教师会对孩子需要学习这些技能提出明确期待。

最近非常流行的便于标识、帮助孩子管理情绪的技术叫作“翻转”（FLIP IT），它是由德福罗儿童复原力中心（Devereux Center for Resilient Children）开发的。“翻转”包括情绪管理和社交问题解决的四个步骤：

- 辨认情绪（Feeling，F）；
- 给儿童设立边界，并提醒他认识边界的存在（Limit，L）；

- 提问（Inquire，I）；
- 提供帮助（Prompts，P）。

举个例子：

F："我看到你非常愤怒。"

L："但是我们不能动手打人。"

I："如果你想玩这个玩具，还有什么别的办法吗？"

P："你可以问一下小伙伴他们还要玩多久。我们可以来设个提醒闹钟。"（Sperry，2011）

"翻转"与引导性谈话的流程非常相似，只要记住"赞美三明治"的方法——就好像它们本该融入引导性谈话。我这里指的是在接纳和安抚剧烈的情绪感受时使用正面评论，比如"你在那个任务上面付出过努力，怪不得（失败了）你会感到沮丧"。这些开放性的评论让孩子明白成年人是在和他们共同战斗而不是以他们为敌。同时，在最后，教师积极肯定孩子在解决问题上的尝试，也确认对孩子们能力的信任。"翻转"要比传统训诫式干预更快速有效，确定无疑是一种引导性技术。

引导性谈话的目的是利用冲突的情境教孩子学会用非伤害性的方式来管理自己的情绪。我更愿意使用"**管理**"而不是"**调节**"或者"**控制**"，因为我（吉诺特也与我持相同的观点）认为情绪有自身存在的理由，它与认知加工相互联系，但并不为其所控制。我不认为一个人可以长期以正确的认知方式来调节自己的情绪。在我看来，有建设性的人类功能更关乎平衡情绪和认知维度，使用这两个过程将冲突中的有害反应转化为无害结果。"管理"比"调节"和"控制"更确切。

引导性谈话和错误行为的层级

教师会与那些卷入冲突的孩子进行引导性谈话，孩子可能表现出某个层级的错误行为。在第一级，孩子是有意无意地表现出损害别人利益的行为。在第二级，孩子因为受到其他人的影响而陷入冲突。在第三级，孩子因为无法管理的压力而出现过激或者攻击性行为，这些行为有时候是自己无法控制的，但也可能是有意为之。在上面的任何情况下，错误行为都有可能走向错误的方向。教师应该在与孩子进行谈话之前，站在孩子的角度评估一下这个错误行为处于哪个层级。

第一级错误行为

游乐场上有个小土丘，登顿（Denton）在上面扮演一山之王。因为年龄最大，登顿把其他想要爬上土丘的孩子都推了下去。一些大一点的孩子也加入了游戏，但是他们也被推下来了。尼基（Nicky）——一个年龄小一点的孩子，很显然是想“打斗一番”，她从土丘后面“偷袭”，登顿猛地转向她，尼基被重重打了一拳，摔下来后开始哭泣。葆拉（Paula）老师让登顿从土丘上下来坐在地上，然后她走向尼基。葆拉老师通过回应性倾听让尼基感觉好了很多。然后葆拉与登顿进行了一场引导性谈话。

登顿因为被从游戏中拽了出来而感到难堪和沮丧。葆拉在旁边坐了几分钟后开始温柔地询问他：“你知道我们为什么要在这里聊一下吧？”

登顿：“我们只是觉得好玩吧。”

葆拉：“我想我们叫那个游戏为‘一山之王’，看上去你真的成为一山之王了。”

登顿：“是啊，除了我其他人都不可以待在上面。”

葆拉：“登顿，你是这里最大的小朋友。没人能把你从山上赶下来。（停顿）但是，你推打别人的时候，别人会受伤。我们应该怎么玩才能避免有人受伤呢？”

登顿："我们可以友好地推。"

葆拉："你说得很在理。不过你知道像尼基这样的小孩子还是会受伤。所以你再想想其他办法（再次停顿）。如果你从土丘一边跑上去然后从另外一边翻滚下来怎么样？"

登顿（不作声，他在考虑这个提议）："好吧，翻滚确实挺好玩的。"

葆拉："这个计划不错。我们可以给其他小朋友空间来玩。我会待在这里并提醒他们。我想尼基现在还感觉疼呢，你能想办法让她感觉好点吗？"

登顿："过去跟她说对不起。"

葆拉："这就对了，谢谢你，登顿。"

登顿（走向尼基的路上）："你爬到山上然后我们翻滚下来，可以吗，葆拉老师？"

葆拉（笑了）："好呀。"（她知道登顿会把新的游戏规则告诉其他孩子，请他们一起玩。）

这个例子清晰地展现了与年龄大一些的口头表达能力比较好、犯了第一级错误的学前儿童所进行的一场引导性谈话。登顿一山之王的游戏（已经算是关于地权和特权的冲突）脱离了正常轨道。葆拉老师的引导性谈话对登顿起了作用。她先表扬登顿是最大的孩子，适合成为一山之王的角色。在她的帮助下，登顿找到了一个顾全大家的解决方案，他也想到了如何安慰尼基。同时，葆拉也引导登顿思考如何遵守集体行为准则。

其他跟随登顿游戏的孩子也陷入第二级错误行为。或许下次，一山之王的经验教训会在小组会议中被重新强调。不需要单独点登顿和尼基的名，所有的孩子可能会再次讨论在户外游戏时"友好触碰"是什么意思，他们也可能会讨论在土丘上翻滚更合适。在引导中，教师只是偶尔通过说“不可以”来确定界限，但是专业人员不能止于说“不”，还需要教彼此都接受的、强健身体和大脑的替代性做法。

第二级错误行为

谢尔比（Shelby）的哥哥和姐姐在家都会说“该死的”（freaking）这个词。谢尔比62个月大，在家很强势，在学校是小领导，她很快就学会了哥哥姐姐的话。有一天，谢尔比听到基南（Keenan，59个月大）说：“这真是个‘该死的’车。”谢尔比笑着说：“你像该死的一样说该死的！”当时负责他们小组的伊琳（Elin）老师轻轻地把两个孩子叫到一边，一起坐在地板上。伊琳老师说：“会说新词确实很棒，但是孩子们，‘该死的’这个词语不能在学校用。”谢尔比说：“但是，老师你刚刚也说这个词了！”伊琳老师笑着回答：“是的，谢尔比，我是想让你明白是哪个词才说的，你之前听我说过这个词吗？”谢尔比摇摇头说没有。伊琳说：“让我们来想一些你们都可以用的词语来代替吧，你们可以说‘真的’，像这样，‘这真的是一辆很酷的车。’”（两个孩子面面相觑，短暂停顿了一下。）基南说：“老师，我现在真的想去玩我的车了。”

谢尔比转动眼睛（这也是她从哥哥姐姐那里学到的）。伊琳说：“好的，你们已经明白了，对吗？”两个孩子都点点头，然后走开了。在接下来的一个星期，伊琳注意去听，但是并没有听到那个词。在她看来，这“真是”个进步。

伊琳在两个孩子面前进行了引导性谈话。她这样做也是为了防止这种第二级错误行为会在小组其他成员中扩散。她判断对这两个孩子来说，这属于第二级错误行为。谢尔比从哥哥姐姐那里学了那个词并用在幼儿园，基南从谢尔比那里学了过来。伊琳老师在引导性谈话中努力做到坚定而友好，她避免开启一场道德训导，而只是在幼儿园生活用语中设置了界限。这个干预是一种引导性谈话而不是调停，因为两个孩子之间并没有产生冲突，只是教师认为两个孩子的表达用语不妥。

第三级错误行为

与孩子进行引导性谈话，现实往往比上述案例更加棘手。当一个孩子在冲突中出现第三级错误行为时，非常重要的一点是早期教育专业人员应该已经与这个孩子确立良好的师生关系。如果在冲突过去之后，在孩子心中，教师是改善问题的人，那么这种师生关系会更稳固。

安德拉（Andra）老师意识到40个月大的里克（Riko）这天早晨心情很糟糕。里克的哥哥送他来幼儿园的时候迟到了，他进来的时候手里提着鞋子，脸上挂着泪水，而这已经不是第一次了。

早饭之后，里克和玛丽（Marie，55个月大）在感官桌旁边，用各种厨房器具玩水。通常里克认为这个活动让他感到非常惬意，安德拉老师希望这个早上就这样平静地过去。安德拉看到玛丽倒了一锅水，不小心溅了里克一身。里克被激怒，把勺子里的水泼到玛丽身上并开始大哭。安德拉老师拿来毛巾帮玛丽擦干。然后又找了一条毛巾给里克，她把里克带到一个安静的地方，他们俩都坐下来。安德拉先帮里克擦干，跟他说身上湿了确实不舒服。里克平静下来，然后他们开始进行引导性谈话。

安德拉：“你身上被溅上了水，你很不喜欢这样，对吗，里克？”

里克摇摇头，低下头。

安德拉：“那个锅太滑了，玛丽拿不住，掉下来了。”

里克：“她把水弄到我身上了。”

安德拉：“确实，但她不是故意的。”

里克继续低着头。

安德拉："她身上也弄了很多水。"

里克："我不是故意的。"

安德拉："你很沮丧也很生气，是吗？"

里克："对啊。"

安德拉："玛丽现在已经擦干了，你想让她感觉好一些吗？"

里克摇摇头说不要。

安德拉："没关系，待会儿再说。"

安德拉和里克就这样坐着待了一会儿。里克起身走到阅读角，玛丽在那里看书。里克拿起另一本书坐在她身旁读书。玛丽并没有拒绝里克的到来。（谢谢你，玛丽！）

过了一会儿，安德拉和里克谈论下次如果有水洒到自己身上他可以怎么做——里克跟着安德拉重复："懂了，老师。"孩子（和教师一样）会不时遭遇这样不顺的**"三级水平日"**（level three day）。

引导性谈话需要教师已经与当事孩子建立了积极正面的关系。与任何引导性技术相结合，引导性谈话都不需要做到完美。比如，有时教师因为其他一些工作必须推迟谈话中问题解决的部分。只要早期教育专业人员像一个引导性的领导一样处理问题，而不是像法官和陪审团人员，就可以产生足够好的结果。当冲突涉及两个孩子或者一个小组里的孩子时，教师就要示范和教授冲突管理技能。这是下一章的主题。

讨 论 问 题

专业的早期教育工作者的基本素养之一是尊重幼儿、家长和其他同事，并尊重他们的隐私权。在完成下面的活动时，请注意尊重所有当事人的隐私。

1. 回忆在早期教育环境中发生的由第一级、第二级或第三级错误行为导致的冲突。以一种非评判的方式分享一下，是什么让你认为它应该属于哪一层级。如果你认为不同幼儿展示出不同层级的错误行为，也可以分享。
2. 回忆早期教育环境中发生的冲突，分析一下冲突是否围绕产权、地权和特权而产生。以一种非评判的方式分享一下是什么冲突动因让你认定它的冲突来源。如果你认为不同幼儿展示出不同层级的错误行为，也可以分享。
3. 你对作者关于引导性谈话不需要做到完美的观点有什么想法，仅仅是足够好就可以了吗？你如何判断一次引导性谈话是否对幼儿或成人足够好？

核心概念

核心概念的定义见本书第 205—213 页的术语表。

- 赞美三明治（compliment sandwich）
- 特权冲突（privilege conflict）
- 引导性谈话（guidance talk）
- 物权冲突（property conflict）
- 三级水平日（level three day）
- 鹰架（scaffolding）
- 观点采择（perspective taking）
- 地权冲突（territory conflict）

第八章　引导幼儿通过调解管理冲突

本章节的有关术语：

冲突管理能力。冲突管理（conflict management）能力是指利用建设性的语言减少和解决人际间冲突的能力。在DLS3、DLS4、DLS5的综合能力中，这是我们期望孩子（或者所有人）在冲突情境中使用的能力。

冲突的调解。冲突的调解是指在儿童双方的矛盾冲突不断升级的情况下，冲突外的第三方（不一定是成人）出面，教会儿童用建设性的语言减少和解决冲突的方法。[我们使用的引导方法是**"五指法"**（five-finger formula)，下面将进行讨论。]

同伴协商。同伴协商（peer negotiation）是指两三个孩子自主地以和平的方式减少和解决冲突的过程。有证据表明，在此过程中，即使没有外部帮助，儿童也能够利用一些基本的冲突管理知识达成目标。

社交问题解决能力。社交问题解决能力是指在同伴情境中通过主动进行交往、做出理智抉择以解决社交问题的能力。社交问题解决能力包括冲突管理能力，但不限于此，因为它同样适用于尚未产生冲突的社会交往情境。

内部冲突管理

如大家所知，我的写作涉及哲学和儿童心理发展方面。过去50年来我一直研究该问题，并且一直跟一些早期教育工作者保持联系，我始终认为，幼儿在耐心引导下能够以合乎道德的、明智的方式解决冲突。

早期教育工作者会定期观察那些在社会两难情境中表现出积极的问题解决能力的幼儿［例如，第二章中的杰里迈亚解决关于卡车的纠纷的例子以及下文中格洛丽亚（Gloria）的例子］。对于长期从事早期教育这一崇高职业的人员来说，这样的例子其实比比皆是。这些经验是早期教育工作者们长期从业的重要基础。

杰克逊（Jackson）是个39个月大的男孩，他最喜欢的甜点是水蜜桃罐头。一天，杰克逊正坐在桌子的一端，陶醉地吃着一碗他最爱吃的甜点。突然，他的右臂不小心把碗碰到了地上，甜点也撒到了地板上。杰克逊急坏了，他开始用头撞桌子并大喊大叫。我赶紧从座位上站起来走到杰克逊身边。我安抚杰克逊让他平静下来并告诉他，这不过是个意外，等我把地面收拾干净了，会再端给他一碗。

陪着杰克逊待在地板上的时候，我突然意识到：没有其他的水蜜桃罐头了，而坐在杰克逊旁边的格洛丽亚显然也意识到了这一点。于是我故意放慢打扫的速度，思考下一步该怎么办。最终，我还是无奈地把杰克逊又放回到座位上。这时却发现杰克逊面前已放着一碗水蜜桃罐头。我和杰克逊看向坐在旁边的格洛丽亚，发现她的罐头连同碗都不见了。格洛丽亚说："杰克逊哭得太伤心了，他比我更需要水蜜桃罐头。"我问格洛丽亚是否确定要把甜点送给杰克逊，格洛丽亚点点头。我和杰克逊非常感谢格洛丽亚。晚些时候，我又专门找格洛丽亚聊天并赞扬了她今天的行为。

以上的故事是一个叫艾米（Amy）的教师几年前讲给我听的，她是明尼苏达州的早期教育工作者。我曾经在一次会议上分享过这个故事，当时有一位参会者对艾米的做法持反对意见，她觉得教师不应该让格洛丽亚放弃自己的罐头，而应该让杰克逊承受罐头撒了就再也没有的自然后果。当然，我非常感谢她的评论，但同时我也委婉地提出了另外一种观点。艾米做得并没有错，因为她曾让格洛丽亚确认过自己的做法。幼儿正是通过这些尝试来学习向别人表达关心和同情。反之，如果教师不同意格洛丽亚让出自己的罐头，那么格洛丽亚当时学到的可能就是完全不同的东西了。

对于 39 个月大的杰克逊来说，通过这件事他可能会体会到在这个世界上有很多有爱心的人，在别人需要的时候给予其帮助是好事。（艾米也确实曾这样解释给杰克逊听。）艾米说她一直记着当时格洛丽亚的善意举动。所以这件事给相关的每一个人都上了重要的一课。

在社会生活技能方面，杰克逊还在学习 DLS2，他要学着以非伤害性的方式表达强烈的情绪，而不是用头撞桌子大喊大叫。（见鬼，上周我撒掉了最后一杯李子汁时也这样大发脾气了。）而格洛丽亚已经展示了 DLS3、DLS4 和 DLS5 的技能：她能够富有创造性地以合作的方式解决问题，她能够接受每个人的独特之处，而且在行为表现上合乎道德且明智灵活。幼儿进行冲突管理和解决社会问题时的表现开始去自我中心化（这也许是为了避免酿成更大的冲突矛盾）。通过成人不断的示范和教授，幼儿可以学会并表现出更好的冲突管理能力。

冲突管理课程

著名的图画书《爱心树》（*The Giving Tree*）和《彩虹鱼》（*The Rainbow Fish*）系列揭示了一个人的快乐与他人的快乐之间的关系，对于学前儿童来说这也是一个非常值得提出来讨论的问题。团队会议是开展这种实用且富有思辨性的讨论的有效形式。托马斯·沃滕伯格（Thomas Wartenberg）教授曾著有《小孩子的大思想：通过儿童文学教授哲学》（*Big Ideas for Little Kids: Teaching Philosophy through Children's Literature*）一书，他认为团队会议这样的讨论应该成为幼儿一日常规生活中的一个环节。此外，由于这类讨论涉及的通常都是非常经典优秀的图画书（如前面涉及的两本），并且在讨论中鼓励分享感受、表达自我，大多数幼儿会很容易地参与活动（Goodnough，2010）。

如果你熟悉马库斯·菲斯特（Marcus Pfster）的《彩虹鱼》系列图画书，根据沃滕伯格教授的方法，不妨来思考这些问题：彩虹鱼到底该不该为了交到朋友而把鳞片送人？它的最后一片鳞片怎么了？你该不该给老鼠一块饼干或者给鹿一块松饼？瓢虫该不该乱发脾气？当瓢虫乱发脾气的时候你有什么看法？在讨论开放式问题的团队会议上向幼儿提出这些问题，对这些问题的思考将会是孩子未来思想的组成部分。

在组织团队会议的时候，即使参与的是学前儿童，教师也依然要充当友好的促进者角色，鼓励孩子讨论和思考。成人不要喧宾夺主，滔滔不绝，把团队会议变成自己的小型讲座。在这个环境中要鼓励孩子自己思考，这样孩子会逐步形成自己的想法。

因此，冲突管理课程既有预设课程，也有生成课程，通常以团队会议的形式进行，团队会议的形式包含了格拉瑟的三种会议形式：开放式的、教育式的和问题解决式的。为了让会议主题更具真实性，教师可以借助书籍、木偶剧、案例讨论以及一些延伸活动，比如在班级的表演区准备一些故事图片让幼儿表演，或在图书角准备一些与主题相关的书籍供幼儿阅读。

教师还可以根据班上孩子的特殊需求设计相应的课程。全美幼教协会推出了很多与该主题有关的资源，以帮助情感社会教育计划的推进。在全美幼教协会的网页上与德育有关的板块可以找到这些资源。一些商业机构如“第二台阶”（Second Step）和“回应式教室”（Responsive Classroom）也会提供一些课程指南，引导教师开展冲突管理教学。

总之，在鼓励型学习共同体的环境中，教师会采用多种综合的方式教幼儿冲突管理技能，具体来说包括以下实践。

- 通过团队会议，他们讨论道德建设、哲学问题，这些将作为课程的一部分。在团队会议中，成人与团队成员先制定一些准则，这些准则可以用作冲突调解的论点。
- 同时，在发生纠纷时，教师要树立榜样并教授冲突调解的技巧，促使儿童通过谈判解决自己的冲突。

我们的社会需要的是更多文明的、有社会问题解决能力的人，他们可以更好地管理冲突并调解他人之间的冲突！教师不断地给予幼儿示范引导，同时幼儿也会通过解决社会问题获得这些能力。通过每天的榜样示范和教授幼儿的实践，教师们会逐渐总结出教导幼儿进行冲突管理的方式。

用于冲突调解的“五指法”

冲突调解的五指法（five-finger formula for conflict mediation）（本书第45页首先提到）是一种用于冲突调解的技术。在研究教师用来调解冲突的方式中，我发现他们使用的方式很多，有的调解方式是三步走，有些则需要十步之多。三步走的调解方式即确定问题、决定解决方案和实施解决方案。其他的调解方式（包括“五指法”）也都是基于这三个步骤。

“五指法”的第一步叫大拇指，在此之前很重要的一点是要确保每个人都冷静下来。该公式还强调真正的调解，即成年人在进行第二、三、四步（食指、中指和无名指）的过程中努力争取孩子的同意。（在调解的过程中如果出现网络流行语或者参与者对英语不熟练，主持人要迅速提供语言帮助，或通过观察孩子的非语言线索来确定孩子是否同意。）在所有情况下，教师都会在解决方案实施过程中进行跟踪、祝贺、引导性谈话并促进和解，也就是第五步——小指。

五指[1]法的五个步骤如下。

大拇指：从你自己开始，让每个人都冷静下来。（给一个冷静时间，如果需要，可以离开现场，参见本书第六章。）

食指：让每个孩子谈一谈如何看待这个问题并达成共识。（不是去解释谁对谁错，而是让每个孩子去认同别人如何看待问题。）

中指：通过头脑风暴想出可能的解决方案。（利用等待的时间多多鼓励孩子们的想法。如果他们不愿或无法表达想法，可以提出各种可能的建议，努力让孩子们共同选出一个对每个人都公平的方案。这时，你需要有解读非语言线索的能力。）

无名指：促进孩子们已达成共识的想法的实施。（即使解决方案不是你所想的，也要这样做——这比你的解决方案更重要。只需确保它对每个孩子都是相对公平和可接受的。）

小指：监控并积极肯定成功的调解和解决方案。（如果需要，利用这次成功调解的时机，可以与几个孩子进行引导性谈话。比如可以教孩子，除了这次的方法，下次发生冲突时可以怎么做。）如果孩子不能自发使用调解方法，还需要教师助推一下。

为了更好地记住这些步骤，可以将“五指法”写在卡片上，将卡片贴在墙上，或者跟你自己的手指对应起来。

何时以及如何使用“五指法”

并非所有冲突都需要调解。明智的选择是先等等，看孩子们能否自己解决。成年人会根据经验判断什么时候该介入，特别是要防止孩子们对他人造成伤害。先让孩子们冷静下来，再进行调解。

[1] 为便于理解，“五指法”中的各具体事项都按照意译。——译者注

在干预时，“五指法”可以为冲突管理提供引导的情况：

- 个别儿童可以利用引导性谈话；
- 两三个孩子的小组可以利用冲突调解；
- 整个团队的孩子可以利用团队会议。

在需要调解的情况下教师通常会比较严格地遵循这五个步骤，而在个别儿童的引导性谈话和团队会议中不会那么严格。因为在团队的情况下通常没有必要让所有人冷静下来。在团队会议和引导性谈话中，步骤三和步骤四通常合在一起，这是可以的。

在以上需要调解的三种情况中，进行调解的人并不需要多高的学历，比如硕士学位。调解技术并不需要完美的教科书，只要教师作为首要的调解人（而非法官和陪审团），努力做好调解即可。在调解的过程中，教师要保持公平和坚定，但也要以友好的态度确保每个孩子轮流发言并倾听别人的发言。

在利用“五指法”进行调解时，即使一个孩子看起来更像施害者，而另一个更像受害者，成人也依然要公平地对待两个孩子。调解中平等地交换意见可以让发起冲突的孩子避免惩罚，也让在冲突中受害的孩子感到满意。调解人的目标就是通过教孩子交流沟通的艺术来实现平衡，从而恢复每个孩子在团队中的良好地位。

再者，如果调解工作做得足够好，每个孩子在团队中的成员地位就会完全被接受，这对团队其他成员来说同样是有价值的。传统的冲突解决模式往往是惩罚施害者、安慰受害者，这样的调解方式有助于减少这种施害者—受害者模式的循环。传统的一些原则不利于冲突的解决。受惩罚的孩子往往会对被安慰的孩子持续地感到愤怒，被安慰的孩子要依赖成年人的干预介入，这其实是将这些孩子置于更加弱势的地位。

经过调解后，如果孩子仍然看起来很沮丧，或者仍然有错误行为需要引导和纠正，成人可以对其进行引导性谈话。根据孩子的需要给他们时间去自行调解，但是过程中成人要提供积极的支持。如果在调解后发现以前打架的孩子在一起活动，成人应该感到高兴并赞扬孩子的表现。（我敢打赌你肯定看到过这种情况，如果没有，你将来肯定会看到。）

高水平调解

在下列几种情况下，教师在使用“五指法”时要有更高程度的领导，其中包括直接的教授：

- 孩子们正在学习调解的过程。
- 孩子刚开始进行口语表达，或者孩子使用的语言与教师不同。
- 在冲突情境下孩子难以控制自己的情绪。

在这些情况下，成人要积极地引导孩子用语言表达他们的感受和看法。成人可用语言代替孩子表达，但同时要观察孩子的非语言反应，看表达是否准确。不管在什么情况下使用“五指法”，早期教育专业人员都要努力帮助较弱的一方，同时要保持对冲突双方的公正。坚定、友好和平衡是关键。

32 个月大的布兰迪（Brandi）一直在地板上玩她的公共汽车玩具。她用力地推，动作看起来很明显，即使在房间的另一边也看得很清楚。罗纳德（Ronald）也是 32 个月大，他来到布兰迪身边，拿起她的汽车就跑。布兰迪急坏了，她边叫着边在后面追，手已经抓住了罗纳德的衬衫。罗纳德在前面跌倒了，他在地板上大喊：“我的车！”“这是我的车！”布兰迪反驳道，她握紧了拳头站在罗纳德身边。（对两个孩子来说这是一个很大的物权纠纷。）

阿内塔（Arnetta）老师走了过来，她坐在罗纳德的身边，拉着布兰迪坐到了她的另一边。

第一步：冷静

阿内塔说：“现在，你们两个都很沮丧。来，让我们深呼吸三下，等一会儿慢慢平静下来，然后我们就可以解决这个问题。”阿内塔轻轻地从罗纳德那里拿过公共汽车玩具，对他说：“罗纳德，在问题解决之前，车先放在我这里。”

阿内塔带着孩子们做了三次深呼吸。然后她看着手表让孩子们坐着静止不动一分钟。阿内塔问两个孩子是不是冷静下来了。如果他们看起来确实冷静下来了，就继续下面的步骤。

第二步：对问题达成一致看法

阿内塔：“罗纳德，我需要听布兰迪讲讲发生了什么事。然后我再听你说。让我们先听听布兰迪怎么说。”

布兰迪：“我的车，罗纳德拿了我的车。”（这个时候罗纳德紧紧咬着牙，阿内塔轻轻地把手放在他的肩膀上。）

阿内塔：“你是不是在地板上推你的车，然后它就向前跑了？”

布兰迪：“是的，然后罗纳德就拿起车跑了。”（此时的罗纳德一副咬牙切齿的样子。）

阿内塔：“谢谢你，布兰迪。现在我们来听听罗纳德怎么说。”

罗纳德：“它是我的车。”

阿内塔：“车子开到你那里了，你就觉得该轮到你玩了。”

罗纳德（愣住了，想了两分钟，然后点点头）：“我的车。”

阿内塔：“你们都觉得车是自己的，是这样吗？”

（两个孩子都点点头。）

第三步：通过头脑风暴想出可能的解决办法

阿内塔：“那现在我们怎么办呢？（她停住了，两个孩子也都不说话。）

看，怀亚特（Wyatt）那里有一辆红色的卡车！怀亚特，可以把你的红色卡车给我吗？（怀亚特把红色卡车递过来。）布兰迪，你看这样行不行，你拿这辆卡车先开。然后，罗纳德，你推你的公交车，看看它能不能追上布兰迪的卡车。”

第四步：同意意见并发挥作用

阿内塔看着两个孩子，布兰迪看起来并不开心。

布兰迪："公交车是我的。"

阿内塔："好吧，那这样，罗纳德，你玩这辆红色卡车好不好？这样你可以决定你的车是先开还是后开。你也可以决定车开得慢还是开得快。"

罗纳德（看起来有点厌倦了这个过程，很想赶快玩起来）："红色！先开！布兰迪追不上我的。"（罗纳德从阿内塔那里拿了红色卡车，一推，车就跑起来了，罗纳德也跟着跑了。）

阿内塔（看着布兰迪）："这样可以吗？"

布兰迪（表情严肃地看着老师）："可以了。"（布兰迪在罗纳德后面推她的车，但是她推得很慢，这样她就可以随时把车拿回手里了。）

第五步：跟进

阿内塔观察这两个孩了玩公共汽车和卡车。她看到有一次布兰迪拿了罗纳德的卡车又递了回去。罗纳德则笑着点点头。布兰迪也笑着点点头。阿内塔就不再需要做什么了。两个孩子从争吵变成一起玩，教师就知道调解已经成功了。

当冲突双方的情绪都非常激动的时候，教师的调解一定要有冷静这个过程。当孩子们非常沮丧的时候，可以先不调解。这并不是不管孩子的冲突矛盾，而是要把调解推迟到他们可以冷静下来进行表达和倾听的时候。布兰迪和罗纳德都是刚学会说话的学步儿，阿内塔在调解的过程中就需要更加主动地教他们。阿内塔老师做到了，最终他们三人想出了解决办法，并且孩子们也欣然接受并付诸行动了。早期教育工作者要充分利用平时跟孩子们建立的关系来强化调解的效果——他们教授给孩子的可是将来生存的智慧！

并非所有的冲突都需要调解，教师要在可能导致伤害或发生破坏时才调解。在鼓励型学习共同体的氛围中，儿童发生严重纠纷的结果就是冲突调解。冷静下来后，如果冲突的一方或双方都不想调解，教师要坚持，不要让孩子们轻易放弃。要让他们知道，如果退出了调解，就意味着他们不再对这次冲突的处理结果有发言权。

如果孩子们最终还是选择了退出调解，要尊重他们的决定，但是事后要进行引导性谈话，讨论发生的事情。要让孩子明白，冲突调解是大家在一个集体中生活的一部分。“我们就是这样互相学习如何解决问题的。”

有时候，你会发现在冲突发生时无法完全调解。这也是可以理解的。但是一定要花时间让孩子们冷静下来，以免发生进一步的伤害或破坏。可以告诉他们稍后再讨论问题。要注意随着时间的流逝孩子们想法的变化，这时再找冲突中的一方或双方进行引导性谈话也许更合适。作为早期教育专业人员，你通常要做出这些判断。但是，冲突后情况还是应该有所改变，因为你曾允诺。教师，跟每个人一样，要信守承诺。

低水平调解

教师要努力让孩子们从需要高水平调解过渡到仅需要低水平调解。跟教师讲同种语言的大龄幼儿和在 DLS1 和 DLS2 上取得进步的幼儿最容易实现过渡。通常，教师可能要应对两个孩子的问题，一个仍然需要高水平调解，而另一个已经向低水平调解过渡。这是早期教育工作人员正常要做的工作调整之一。

高水平调解和低水平调解的主要区别就在于教师的角色。在高水平调解中，教师面对的是对调解不了解的孩子。这些孩子在调解中可能表现出跟在冲突中一样的自我保护行为。这就是在高水平调解中要有教师坚定友好的领导和积极的引导的原因。

而在低水平调解中，教师鼓励孩子在调解中发挥更重要的作用。教师仅提供冲突的场景和线索，期待孩子引导问题走向解决。尽管如此，但是在孩子解决问题的过程中遇到困难时，教师仍然要随时准备提供引导。

快 5 岁的马茜（Marci）和安妮特（Annette）正在玩木质的轨道和火车。52 个月大的卡门（Carmen）也想加入游戏。但是两个女孩拒绝了她。卡门提议用积木在轨道旁边建个车站。“不行。”两个女孩回答。卡门接着提议说：“我打算在那边建个车站，你们可以把轨道搭过去。”马茜对卡门说道：“我们不会和你一起玩。”“是的。”安妮特附和道。卡门看起来很受挫，她顺手拿起身边的两根原木，用力地扔到一个盒子上。

德菲恩（Delphine）老师走过来。德菲恩带卡门到一个离两个女孩远一点的地方坐下来，那里仍然能看到两个女孩。德菲恩帮助卡门冷静下来，然后他们开始轻声地谈论发生的事情。一两分钟后，卡门和德菲恩老师一起来到马茜和安妮特身边。

德菲恩：“女孩们，我认为我们在玩火车和积木的时候遇到了一个问题。卡门要来说一说她是如何看这个问题的。然后，我会请你们也来说一说你们是如何看这个问题的。”

卡门：“我只是想帮助你们，但是你们却不让。”

马茜：“但是我们自己在这里玩得挺好呀。”

安妮特：“是的。”

德菲恩（暂停了一会儿）：“大家都知道问题出在哪里吗？我们的小组中有一个规则，那就是‘我们一起玩’。我们该如何解决这个问题，才能让你们三个一起玩呢？”

马茜（暂停了一会儿）：“卡门可以在那边建造车站，我们会把轨道铺到那里。”

安妮特：“但是她并没有和我们一起玩，对吗？”

马茜（对安妮特说）：“如果我们让她玩会儿更好。火车和汽车会到达车站。你可以帮助我把轨道铺到那里。”

安妮特（服从了马茜的领导）：“好的，我来搭轨道。卡门，你可以玩了，在那边建车站。”

卡门笑了，她用购物车运了好多积木到差不多 1.2 米远的地方，开始造车站。

德菲恩：“卡门、马茜和安妮特，刚才你们碰到了一个问题，现在你们自己已经把问题解决了。记住我们的规则——‘我们一起玩’。现在，你们将会有一个可以让火车和汽车经过的车站，还有一条很棒的、长长的轨道。”

三个女孩已经在忙着铺设轨道和建造车站了。剩下的时间里三个人始终是在一起玩。

儿童冲突管理技能进步的一个重要因素是发展适宜的学习环境。毋庸置疑，孩子的好奇心会驱使他们去做很多事情。需要注意的是，不管是高水平调解还是低水平调解，都会影响孩子游戏的冲突管理。你需要一辆公共汽车或卡车在地上开（物权纠纷），你需要跟别人分享材料和空间才能一起玩（地权和特权纠纷）。总之，只有当孩子对活动感兴趣时，冲突管理技能才会有用，调解才会有意义。

尤其是在学年初，那些表现出三级错误行为的孩子尚未建立对环境的归属感。在这个环境中孩子要跟成人之间建立积极的、信任的关系，才能更好地应对环境中的压力，变得更有参与性。在冲突发生时，成人与孩子之间的关系有助于帮助孩子化解冲突。回顾上面的例子，在去找另外两个女孩之前，德菲恩首先利用引导性谈话帮助卡门冷静了下来。在德菲恩的默默支持下，卡门得以用顺畅的语言表达自己的沮丧情绪并促进了调解的过程。

在儿童早期的社交情境中，通常会有领导者和追随者。在这个案例中，马茜发挥了领导者的作用，尝试了纠正错误行为。马茜是在德菲恩老师的提示下才这样做的，但是她表现得出人意料。在我看来，德菲恩老师熟练地运用了引导技术，将重点更多地放在了如何解决问题上（这次是这样，希望下次还是这样）而不是马茜和安妮特不跟卡门玩这个错误上。这里表现的就是低水平调解，因为当卡门表达了她的挫败感之后，马茜就利用德菲恩老师的提示主动解决了问题。因此她们三个人可以在马茜的带领下一起玩。

这里还要注意德菲恩是如何肯定三个女孩努力解决纠纷的成就的。虽然没有外在的压力，也没有人注意，但是德菲恩通过低水平调解和细心的观察，努力为三个人提供了一个鼓励型学习共同体的情境。

同伴协商

儿童要自己协商解决矛盾，他们的一些基本需求首先要得到满足，比如强烈的归属感。否则，压力很可能会先带来冲突，冲突带来的自我防卫行为会削弱必要的信任和沟通。这意味着每个孩子基本上都需要掌握 DLS1（有归属感和自我价值感）和 DLS2（以非伤害性的方式表达情绪）。通常来说，冲突中要出现协商，至少需要一个孩子已经在学习 DLS3、DLS4 和 DLS5。这个孩子通常会扮演领导者的角色，在协商中发挥主要作用。[在下面的案例中，娜基莎（Nakisha）就是这样的一个孩子。] 如果幼儿双方都是生活在鼓励型学习共同体的环境中并且都在学习这三种成长和生活的技能，那么他们通常能够在合作的基础上进行协商。

对于儿童来说，通过跟成年人练习调解来学会协商是有价值的。和平地解决问题的经验会带来两个好处。首先，它告诉孩子，在一个学习的环境中用文明语言解决问题是可行和可预期的，因此，尝试至关重要。其次，参与调解能让孩子获得协商需要的技能。

这些技能主要包括观点采择能力、换位思考以及**自我报告**（self-report，即一个孩子诚实地说出他采用让别的孩子好过一些的方法时的感觉）。学前儿童是凭直觉使用这些技能的，并没有经过理性的思考，但是他们能使用这些技能才是更重要的。

下面的这个例子非常经典，所以我从自己过去编写的教材（Gartrell，2014）里借用过来。

娜基莎和林秀（Suel Lin）正在幼儿园里的“娃娃家”照顾一堆娃娃，她们依次给每一个娃娃喂饭、洗澡，让娃娃上床睡觉。剩下最后一个娃娃了，她们都想先拿，于是就争吵起来。后来林秀抓住了娜基莎的胳膊并开始挤压。

娜基莎喊道：“快停下来，你弄疼我了。用嘴巴说，别动手。”

“我找不到别的娃娃了。”林秀大喊着。

“那就去拿魔法袜子。”娜基莎要求她。于是两个女孩一起拉着最后一个娃娃走过去拿魔法袜子。“我给他穿衣服，你来告诉魔法袜子。”娜基莎接着说。

林秀对魔法袜子说：“宝宝想要洗个澡，我们两个都想做这件事怎么办。”

“那就两个一起来。”魔法袜子说。

于是两个女孩又把魔法袜子送回“娃娃家”，她们还是一起拉着那个娃娃。一个女孩给娃娃洗了上半身，另一个女孩给娃娃洗了下半身。然后林秀抱着娃娃喂饭，而娜基莎去给其他躺在床上的娃娃讲故事。林秀对娜基莎说："这里还有一个宝宝，你想再给他讲个故事吗？"

"当然可以。"娜基莎说。于是娜基莎又给娃娃讲了另外一个故事，而这时的林秀正在照顾躺在床上的宝宝，抚摩他们的背。

（实习教师在记录这一事件的日记中写道："我简直不敢相信，娜基莎和林秀竟然自己解决了问题！我什么都没有做！"）

明确问题：娜基莎坦然地承认了自己的感受，所以林秀就放手了，同意使用魔法袜子与她进行协商。林秀压着娜基莎的胳膊时忘记了一条规则。传统的纪律是提倡惩罚的，比如责骂或坐冷板凳。如果是这样的话，林秀肯定会又羞又怒，而娜基莎也会内疚自责。这位实习教师克制住自己不去干预，她等了很长时间看娜基莎能否化解当前的冲突。通过这样做，她打开了协商之门，让孩子们有机会去找到一个彼此都满意的解决办法。

寻求解决办法：娜基莎和林秀使用了教师通常使用的袜子木偶道具作为调解办法。在利用魔法袜子方面娜基莎比林秀更有经验，因此她主动提议让魔法袜子来帮助调解。她们在讨论中并没有说很多话。尽管如此，她们的协商非常缓和并富有创造力，这让大多数教师满意。另外，两个孩子的自尊心维持的时间也比较长，所以她们能够一起完成任务。

同伴协商要成功，通常是一个孩子（往往是年长的那个）能够管理自己的情绪，控制住还手的冲动。在压力情境下解决问题时，娜基莎展现了她的情感—社会能力。

圆满的结局：两个孩子继续一起玩，并且表现出了高水平的合作。与传统的规则相反，调解和同伴协商减少了多余的憎恨情绪，也减少了未来的继续冲突。

儿童解决冲突的能力表明，建立鼓励型学习共同体的环境这一目标正在逐步实现。孩子们正在获得观点采择能力和情感—社会能力，民主生活技能让他们获得了进步。他们已经开始学习终生要使用的语言和沟通技能。他们还会学习跟友谊相关的重要课程。

和平道具

尤其是对于幼儿来说，和平道具有助于促进冲突管理能力的提高。教师在高水平和低水平的调解中可以使用和平道具。此外，从娜基莎和林秀的例子中可以看出，和平道具帮助孩子从别人调解过渡到同伴协商。因为幼儿的思维是具体形象思维，所以和平道具能增强社会问题的真实性。以下是和平道具的一些常见用法。

和平（或魔法）袜子：和平袜子是成年人教儿童使用的袜子木偶。（各种木偶对幼儿来说都是神奇的。）教师在开始时将穿袜子作为进行第一步和第二步的设置。在调解过程中，教师决定是继续穿袜子还是将袜子传递给每个孩子。在同伴协商中，孩子们学会了如何使用和平袜子，当他们交谈、倾听和解决争端时，可能会交换，也可能不交换。（娜基莎一直拿着袜子，这说明在这种情况下它的确是魔法袜子。）

说话棒：这是一些装饰好的礼仪棒一样的东西，它们的作用跟魔法袜子一样。使用的时候说话棒要平放，跟胸部平行，冲突的双方各拿一端。成人或孩子说出自己的观点，然后把棒传给另一个人。说话棒有一种变化形式叫说话石。很明显，当利用硬的物体时孩子要学习如何使用，通常采用的是团队会议的形式。（这些和平道具也提醒成人在开始调解之前一定要确保孩子冷静下来了。）

吉吉·霍尔特（Gigi Holt）是一位明尼苏达州北部“开端计划”的教师，她在教室里教孩子如何使用说话棒。班上的每一个孩子都制作了一根说话棒，并且用一些天然材料和胶水进行了独特的装饰。那一周的星期五，孩子们把他们的说话棒带回了家。星期一的时候，一位好奇的家长给吉吉打了电话，问了说话棒的事情。似乎是孩子的爸爸妈妈正在吵架，他们参加“开端计划”的孩子用这根说话棒来帮助解决父母之间的问题。

听说椅：一把椅子被标记为说话椅，另外一到两把被标记为倾听椅。当孩子们之间有争执的时候，他们就跟一位教师一起来到听说椅，轮流坐在听和说的椅子上，直到问题解决为止。一位教师曾经告诉我，她知道椅子会起作用。当时是在 12 月，两个孩子在吵架。一个说：“我们去坐听说椅吧！”对方说：“好的。”于是他们轮流坐在椅子上听和说，直到解决了问题。

结语（警告：来自温和作者的疾呼）

遗憾的是，很多 K—12 教育的学校并未把利用教学和冲突调解来解决社会交往问题纳入主要课程。我们的教育体系中的这种观念如果可以改变，将会避免多少校园欺凌和校园及社会的暴力事件？当然，只有当学校的课程、教育方法、评价手段更适合 K—12 阶段的教育，当学前儿童的保育和教育质量有更大的进步时，现状才会有所改观。

同伴协商的结果让各个学段的教师都很欣喜，尤其是幼儿园教师。孩子们在和平解决冲突时所表现出的语言能力、解决问题的能力以及文明的态度是真正成为一名成功学生的核心。更重要的是，这些能力是五项民主生活技能的核心，可以确保我们社会的延续。

讨论问题

专业的早期教育工作者的基本素养之一是尊重幼儿、家长和其他同事，并尊重他们的隐私权。在完成下面的活动时，请注意尊重所有当事人的隐私。

1. 分享教师进行观察或访谈时的高水平调解、低水平调解或同伴协商的案例。你认为这个案例属于哪一种，说说原因。你通过幼儿同伴冲突管理的经历学到了什么，分享你的自我评估报告。
2. 讨论幼儿学习冲突管理技能对他们后续学习生涯的益处，包括学习方面和社会方面。
3. 你认为在幼儿阅读过精选的图画书后跟他们进行哲学和道德上的小组讨论有意义吗？

（1）如果有，你认为教师在领导讨论的时候应该扮演什么角色？

（2）如果没有，请说说你的看法。

4. 理想的情况下，培养社会问题解决能力应该是学龄儿童教育的核心内容。但是，学龄儿童接受的 K—12 教育传统意义上是重视知识学习，因此，讨论幼儿的冲突管理学习就更有价值。

核心概念

核心概念的定义见本书第 205—213 页的术语表。

- 冲突管理（conflict management）
- 低水平调解（low-level mediation）
- 冲突调解（conflict mediation）
- 同伴协商（peer negotiation）
- 高水平调解（high-level mediation）
- 自我报告（self-report）

第九章　综合引导：释放教学的实践

综合引导（comprehensive guidance）是指有目的地整合单个引导的方法，从而引导对经历严重冲突幼儿的照顾。这些孩子引起和陷入的冲突是三级错误行为。由于生活在挑战性的环境中或者生理方面的原因，这些孩子对杏仁核驱动导致的压力反应过度，这使得他们对环境中的威胁过于敏感。当他们感觉到威胁时（通常这些情况并不会威胁到他人），就会以打架斗殴、情感淡漠或者逃离等生存本能行为回击。

从鼓励型学习共同体平衡的角度讲，最具挑战性的生存行为就是战斗反应，其表现为反应性攻击和工具性攻击。作为应对压力的一种错误尝试，一些孩子在感受到威胁时会冲动地攻击别人。其他人则采取一些主动性的策略，这些策略涉及生存行为，以有意抵御感知到的威胁。这些孩子有意造成三级冲突，认为最好的防御是强力进攻。成人常常以惩罚性方式应对孩子的攻击行为，这进一步加重了孩子的压力。否认和由此造成的对他人的不信任让这些孩子的人际关系更加困难。他们内化了这些针对自我的消极信息并导致长期的学习困难、行为问题和人际关系障碍，造成了“压力—对抗”的循环。

来自开始的缓冲

有意的调解争端和释放教学会发生**缓冲**（buffering）。在我们的机构中，这些遭受毒性压力的孩子都需要即时的、长期的积极支持。教师们没有放弃这些孩子。反之，这些专业人员一起观察孩子，与他们建立关系并引领这些孩子，让他们感觉自己是安全的、有价值的和有能力学习的。缓冲意味着建构环境和人际关系，以帮助孩子获得两种基本的民主生活技能。

对教师们来说，一个挑战是在生存行为中通常包括难以信任和与他人建立关系。缓冲过程取决于成年人比孩子坚强——成人坚定不移、态度积极向上。成人会通过很多方式努力争取孩子，如表达感谢、保持谈话联系、进行肢体上的接触以及跟其他家庭成员建立关系。在长期帮助孩子的过程中孩子的**心理弹性**（resiliency）开始萌芽。

心理弹性是孩子应对压力的情感能力和在互动体验中积极有目的地进行互动的社交能力的结合。帮助孩子成功地找到心理弹性的标志是，他们在冲突期间能够处理压力并以非伤害性的方式做出反应的能力。心理弹性意味着孩子在很大程度上已经达到了 DLS1 和 DLS2 的水平，并且正在学习 DLS3、DLS4 和 DLS5。

全面引导：七步法

尽管教师从一开始就尽力保护孩子，但是一些孩子所面临的问题仍迫使他们陷入生存行为模式，因此有必要进行综合引导。综合引导通常有七个步骤，当一些孩子表现出极端的、持续的生存行为时，幼儿园教师可以运用这些步骤来引导。这些步骤可以正式或非正式地执行，根据情况，可能不需要全部七个步骤。在选择综合引导之前，教师首先要明确，孩子的错误行为已经有一定的规律性和强度，因此有必要采取一些协调措施。成人之间的协作很关键。通常由一个领头的教师担任组长，与其他人组成一个团队。以下就是这七个步骤。

1. 观察并记录错误的行为模式。持续了一段时间的、非典型的、极端的或者不合时宜的行为模式代表了生理或情感上需求的极度匮乏。教师要观察是否在特定的一天或一天中特定的时间点，或者特定的事件容易激发孩子的错误行为。这里的重点是：教师要对观察到的行为模式做记录。

2. 建立关系。一个面对生活挑战的孩子需要与教师建立帮助性的关系，在这段关系中，教师要承认孩子的努力、成就、焦虑和沮丧。自孩子参加项目起就与家长建立关系对孩子来说也是必不可少的。

3. 使用一致的引导干预技术。当孩子容易出现第三级错误行为时，教师要尽可能地减小伤害，比如适当地调整项目并且让成人陪伴孩子。专业人员利用镇静技术、引导性谈话和冲突调解等干预措施，以坚定而友好的方式回应孩子的错误行为。

4. 获取其他信息。教师希望详细地研究资料，访谈工作人员、孩子及其家庭，从而更全面地了解孩子及其行为。

5. 召开个别化引导计划会议。如果在使用第一到第四步后，冲突的频率和严重性没有明显降低，工作人员将与幼儿家长、教学人员和其他相关成人召开一次个别化引导计划会议。团队使用个别化引导计划（参见本书第215—217页的“附录2　个别化引导计划清单”）中列出的问题解决流程。

6. 实施引导计划。团队共同努力实施个别化引导计划。工作人员要继续与孩子及其家人建立关系，还要调整教育计划，增加孩子获得成功的机会，以减少孩子的冲突倾向。引导计划中也可能包括特殊教育或其他专业人员推荐的评估。孩子的家庭要接受计划中的评估，因此工作人员与孩子家人的见面至关重要。

7. 审查引导计划。在计划实施的过程中，工作人员会检查计划，与孩子的家人沟通，根据需要修改计划。如有必要，工作人员会召开第二次个别化引导计划会议。

一个反应性攻击案例的综合引导

58个月大的爱德华多（Eduardo）今年从中途开始进入学前教育机构。在以前居住的镇上，爱德华多自出生起就开始目睹因酗酒引发的家庭暴力。妈妈带着他逃到避难所躲避家庭虐待。在他人的帮助下，爱德华多和妈妈搬到了现在的社区并且加入了一个经济援助机构的支持网络。大家都知道，爱德华多在遭到突然的反应性攻击时会表现出退缩行为。人们认为他是**儿童创伤后应激障碍**（childhood post-traumatic stress syndrome）的受害者，在面对新情况和不熟悉的人时会有困难。

爱德华多刚进入教育机构的时候，科拉（Cora）老师让他先在旁边观察，不用直接参与活动。教师尽可能地花时间安静地陪伴这个孩子。班上有个女孩叫彭妮（Penny），在同龄人中有着较好的同理心。科拉老师叫彭妮默默地帮助爱德华多加入活动，但是要在爱德华多愿意的时候。彭妮非常胜任这项任务。科拉不止一次看到两个孩子在一起玩。爱德华多还是不太爱说话，但是科拉相信他将来一定会改变的。

彭妮在班上很受欢迎，当她和爱德华多玩的时候，又有一两个孩子加入。科拉惊喜地发现，在表演区里爱德华多正和杰罗姆（Jerome）、桑迪（Sandy）一起玩。她本来还担心会不会给彭妮太大压力了，尽管这个难得的孩子并不介意。

在艺术区里的时候，爱德华多似乎很喜欢红色。有一天，桌子上所有的颜色都是红色的：蜡笔、记号笔、油漆，甚至是红色通心粉和红色胶水。另一天只有红色的黏土。在这里，即使没有彭妮的帮助，爱德华多也能玩得很开心。虽然这时候他还没有参加班上的音乐活动。差不多两周后，科拉看到爱德华多正在轻轻地唱一首他在《红色：一支蜡笔的故事》（*Red: A Crayon's*

Story）一书中看到的歌曲。科拉认为爱德华多离加入集体活动的时间不远了。

爱德华多几乎每天都会在某个时间段情绪明显失控。有时候，科拉需要紧紧地抱住他，她觉得重要的是爱德华多冷静下来后要做什么。（对科拉来说，紧紧地抱住爱德华多并不容易，因为这个孩子在同龄人中算个头比较大的。）科拉发现爱德华多并没有因为她的介入而生气，而他出现失控崩溃情况的频率也在逐渐降低。妈妈说第一周的时候他不想来学校。在第二周的时候，来学校不再那么困难。跟科拉一样，妈妈也觉得他正在逐渐适应。

以下是教师科拉使用七步法的具体步骤。

第一步：观察并记录错误的行为模式

观察法是教师用来了解孩子及其行为的基本方法。成人尤其要观察孩子在一天中的哪个时间点或哪个时间段容易发生冲突。观察的策略有很多。我个人比较喜欢逸事记录法，它不但适用于电子设备，也适用于以前的复印形式。

日期和时间：
幼儿姓名：
观察者姓名：
观察内容： （观察内容要客观明确，只描述孩子说了什么、做了什么，不做个人主观解释）
推论分析： （成人对观察记录内容的细心解读和思考）

跟科拉老师一起工作的有助教维尼蒂娅（Venetia）老师，还有一名实习生吉娜达（Jinada），因此爱德华多的每一次情绪爆发她们都会看到。她们三个试图通过观察找到爱德华多情绪的触发点。她们采用的方式就是由维尼蒂娅或者吉娜达对爱德华多看起来最糟糕的时间段做逸事记录：早餐前，上午的活动时间，以及午后的第二次活动时间。维尼蒂娅和吉娜达利用同样的方法记录：日期和时间，幼儿姓名，观察者姓名，记录孩子言行的客观明确的观察内容，以及成人对观察记录内容的细心解读和思考。撰写的观察记录通常不超过两页纸。完成的这些表格为教师和个别化引导计划会议提供了资料，这些资料是全面引导的重要组成部分。

教师得出结论，爱德华多在某些日子里会感觉更糟糕。这一天不顺利的话，他就看起来更疲惫。爱德华多会一早就开始发脾气。彭妮不在的时候，爱德华多会跟别的孩子发生冲突，特别是他担心别人侵占他的领地或者抢走他正在使用的东西时。如果科拉或维尼蒂娅来得及时，她们可能会阻止一次冲突的爆发。

第二步：建立关系

科拉、维尼蒂娅和吉娜达每天都会与爱德华多进行接触、聊天。爱德华多似乎很喜欢维尼蒂娅，因为他刚来的时候维尼蒂娅给予了他很多高质量的陪伴。团队发现，要想让爱德华多一来到学校就放松下来参加活动，就要在上午花时间将他的情绪爆发控制到最小。科拉老师早上要和实习生吉娜达一起迎接其他孩子并准备早餐。这种做法就意味着使她们本来很忙碌的工作更忙碌，但是科拉和机构的主管安娜（Anna）觉得一天里这些常规的改变是值得的。

身为主班教师，科拉还致力于与爱德华多的母亲珍（Jen）建立关系。每次见面一起讨论爱德华多时，科拉都会使用赞美的方式。科拉告诉珍，每天在上学前或放学后至晚上 9 点前的任何时间都可以联系她。她曾经考虑过是否要这样做，但最终还是决定给珍她的手机号码，以便珍可以在需要时联系她。对于科拉的付出，珍表示非常感激，她说以前从来没有人如此关注自己的儿子。

进入机构一个月后，爱德华多的激烈冲突减少到隔两天左右一次，较以前的次数减少了，但仍然比较多，相对和缓些的冲突每天仍然会有，仍然需要成人的干预。这个男孩与三位教师的关系日益稳固。

第三步：使用一致的引导干预技术

教师几乎每天都会与爱德华多进行引导性谈话，帮助他调解冲突。首先需要帮助他平静下来。教师通常会等爱德华多克服了他的烦恼情绪后再进行下一个干预步骤。为预防起见，在爱德华多情绪最激动的时候吉娜达会看紧他，在集体活动或用餐时坐在他身边。爱德华多是有能力造成伤害的，因此这样的监控是有必要的。在跟他的引导性谈话中，教师通常采用的是高度赞美的方式。

通过这些努力，爱德华多的攻击行为减少了，与他人的互动行为增加了，尽管在跟别人有冲突的时候他仍然会情绪失控，依然每天会发生冲突事件，还需要教师的关注。

第四步：获取其他信息

由于法律原因，教师无法获得爱德华多的发展记录。由于救助和搬迁的关系，现在教师无法联系上以前与珍和爱德华多一起工作过的专业人员。征得幼儿父母的许可，与以前曾经跟这个家庭一起工作过的专业人员会面是很重要的，尽管这个机会可能很难获得。

第五步：召开个别化引导计划会议

科拉召集维尼蒂娅、吉娜达、主管安娜以及爱德华多的妈妈珍召开了一次个别化引导计划会议。由于珍的工作时间不固定，她们不得不两次调整会议时间。在会上，他们一致同意讨论并填写个别化引导计划表格，并且正式地遵循全面引导的后续步骤，以让全面引导步入正轨。珍同意让爱德华多进行测试，以评估他的精神压力以及是否可以参加学区内的幼儿特殊教育（ECSE）计划。她们共同制定了针对爱德华多的协调措施，包括在家里的和在计划中的。

该计划要求对孩子进行特殊教育筛查，包括在附近的免费医疗诊所进行身体检查，在机构中每天与爱德华多进行至少 5 次当面的接触沟通，珍和爱德华多在家中每天进行至少 3 次互动沟通。刚开始的时候，一次家中的互动可以安排在固定的睡前故事时间。

这一次会议让珍非常感激。她发现大家的讨论都是围绕着为了她的儿子后续怎么做。通过参与会议，珍很明确地把自己作为家长的参与程度提高到了第二层次（参见本书第 93—95 页）——接受信息并与早期教育专业人员携手努力。后面她要每周与科拉会面两次，讨论她对儿子使用的引导计划以及个别化引导计划的进行方式。会议在六周后会再次召开，以回顾个别化引导计划的进展。

第六步：实施引导计划

教师和珍都尽其所能地实施了该计划。工作时继续使用接触谈话、预防措施、引导性谈话以及在爱德华多行为出格后的调解。发生冲突时帮助爱德华多冷静已经不再是重点，但是教师依然会有意识地进行。珍向科拉报告说，她和爱德华多每天晚上都会阅读，是爱德华多坚持要读。除了睡前阅读，其他的亲子接触沟通进行得没有这么正式，但是珍说爱德华多比以前更愿意听她说了。母子俩每周还会去景点旅游。珍就这样自发地开始了他们母子之间的约会，两个人都很喜欢。爱德华多最喜欢去的一个地方是当地的一家快餐店，在那里，他在设计精巧的攀登架上玩耍，直到筋疲力尽。通过这些做法，珍显然已经把家庭参与水平提高到了第二层次——在家庭中开展教育计划。

筛查完成了。在筛查的基础上，幼儿特殊教育的教师正式批准了对爱德华多的后续深入评估以确定早期儿童特殊教育计划的资格。评估日期待定。

计划正在实施让几位教师很满意。他们安排了与珍的会议，以审查个别化引导计划的实施。这次，珍会参加会议。

第七步：审查引导计划

在审查会议期间，工作人员和珍审阅了个别化引导计划的每个项目。他们都觉得爱德华多正在进步。不管是在机构中还是在家中，对于爱德华多的行为，成人觉得满意更多了，沮丧更少了。此外，不管是在家中还是机构中，爱德华多都发脾气少了，与他人的积极互动多了。这次会议是在进入机构两个月后。团队决定等特殊教育评估结束后再开个会，那时就可以审查发展的状况了。等幼儿特殊教育评估完成后，科拉请主管安娜后续进行追踪。

召开成功的个别化引导计划会议[1]

要使任何个别化引导计划成功，必须具备几个条件。从孩子第一次来计划就开始了，工作人员要帮助幼儿父母一起提高家庭参与水平到第二层次，让父母对孩子的教育计划有兴趣。家庭成员至少要进入第二层次才能成功参加个别化引导计划。可以这么说，成功的个别化引导计划总是包括以下方

[1] 本节内容摘自《激励型课堂引导方法教师手册》（*Instructor's Manual for A Guidance Approach for the Encouraging Classroom*，5th ed.，2010）。感谢沃兹沃思 / 圣智（Wadsworth / Cengage）允许我使用此材料。——作者注

面：工作人员和幼儿父母都认同有问题存在，针对问题下一步要采取的措施意见一致，按步骤实施并审查结果。如前所述，在根据引导意见解决问题的过程中双方的协作是关键。个别化引导计划有时候会以非正式的方式进行，不一定都是面对面的开会。因为有时候很难让参与计划的各方都有时间坐在同一个房间里开会。

个别化引导计划会议的程序跟教室里幼儿发生冲突时教师出面调解的程序是一样的。

在首席专家的带领下，团队共同讨论会议的活跃性以及可能的结果，由团队共同决定。一名工作人员来做记录。哪些工作人员会参加需双方协商同意。工作人员讨论“赞美三明治”方法的重要性，针对这个孩子或家庭的努力、进步和态度，每个工作人员可以提一点需要担心的地方和值得赞美的地方。“赞美三明治”策略有助于使个别化引导计划保持积极正向。

以下是会议的五个步骤。

1. 会议的负责人问候每个人，给予积极的评价，并对会议做简单的介绍，从而让每个人都尽可能感到自在。负责人让所有人都知道，这次会议大家是在为一个共同的目标，即孩子的幸福而努力。负责人强调决策的一致性很重要，并介绍记录员，记录员在表格上写下关键点和决策，每个人都可以看到。工作人员要建立或至少牢记会议准则，例如：

- 大家都有一个共同的目标，这将有助于会议取得积极成果——孩子的幸福。
- 即使彼此的观点不同，团队成员也要互相尊重。
- 所有成员都致力于将事实和对事实的解释区分开。
- 每个成员都应对自己选择分享的内容负责。
- 每个成员都对新思想和新的思维方式持开放态度。
- 会议上的决定是经过一致协商的。

2. 负责人要协助大家就问题达成共识。负责人提供必要的资料和解释说明，其他人一起参与讨论。鼓励参会的人将讲事实和解释区分开，这在整个会议中会成为一种模式。记录员只记下大家都同意的。

3. 团队用头脑风暴的方法想出尽可能多的非惩罚性的策略。在记录员的协助下，负责人组织大家就基本方面进行头脑风暴，比如：

- 教室里的预防冲突策略；
- 教室里的冲突干预；
- 教室里建立关系的反应；
- 教室里的长期调解策略；
- 家中的冲突应对策略；
- 家庭式团队建设的反应；
- 家中的长期调解策略；
- 为额外评估和协助提供的策略；
- 实现计划所需的现实资源。

4. 小组针对第三步中涉及的不管哪一方面的策略，选择最有希望的一个来制订计划。在这一步，协商、灵活性和妥协是很关键的。如果团队对计划中的任何一个部分有不一致的意见，都可能会影响成功。记录员要澄清要点，对确定的策略做好摘要。

5. 团队确定每个成员在计划中的角色并设定第二次会议的时间，从而审查进展。负责人和幼儿的家庭确定团队中哪个成员可以担任该计划的团队负责人。团队负责人要协助家庭执行计划中与家庭相关的部分，包括在过程中提供引导。团队负责人还要确保计划中有关课堂目标实现的连续性。在执行计划的过程中他（她）会在家庭和学校之间进行协调。确定好下次会议的时间，团队负责人要确定所有的成员都可以参加。记录员将完整的个别化引导计划副本发送给计划负责人和幼儿家人。

与第一次主要会议相比，第二次会议通常以非正式的方式进行，主要是审查和修正个别化引导计划。第二次会议后的后续联系也不太正式。有时会召开个别化引导计划总结会或结束会，以庆祝成功或者商讨是否有必要采取其他行动。后续能有某种形式的跟进其实很重要。个别化引导计划会议本身并不是目的，而是让儿童、家庭和整个鼓励型学习共同体变得更好的一种方式。

全面引导：一个工具性攻击的案例[1]

以下片段涉及工具性攻击，这是全面引导工作的第二个例子。特别要注意教学人员（包括领导）和幼儿妈妈的合作。罗宾·巴肯是明尼苏达州伯米吉州立大学校园托育中心里一位有经验的教师，也是这项研究的首席专家。（由于缺乏资金，在我退休后的第二年，伯米吉州立大学的这个校园实验室关闭了，这说明了当前社会早期儿童养育和教育的状况。）

46个月大的玛齐（Mazie）年中来到罗宾所在的托育中心。玛齐的父母告诉罗宾，玛齐是因为行为问题被原来的机构要求退学。在以前的机构中，第一年的时候玛齐是团队里最小的孩子，到第二年9月，她已经成了团队里最大的孩子。她的父母觉得：第一年的时候她可能被大孩子欺负，而第二年的时候那些年幼的孩子受到教师更多的关照，她可能感觉自己被冷落了。父母觉得这些可能是她频繁的冲突行为的原因。

玛齐有一个5岁的姐姐叫埃玛（Emma），也曾在罗宾的中心待过。其他

[1] 感谢全美幼教协会允许我在本书中引用2008年1月《幼儿》杂志《引导事项》专栏上的内容。同时也感谢罗宾·巴肯（Robin Bakken）多年来在校园托幼中心的优秀领导。——作者注

的教师告诉罗宾，埃玛是一个可爱的孩子，来自一个稳定的家庭。她们的父母想让玛齐在一个他们熟悉的机构中重新开始。罗宾有着30多年丰富的教学经验，她感觉她的机构会适合玛齐。

在“开始了解你”会议和小组活动的第一天，罗宾并未见识到玛齐的行为问题。但是，第二天，到洗手吃早饭的时间了，玛齐还在玩玩具。罗宾慢慢走近玛齐，她知道要在玛齐适应新环境的需求和工作人员的常规管理之间有个平衡。但随后冲突就发生了，玛齐掀翻了儿童沙发，大声尖叫，罗宾平静地尝试帮她安静下来，结果她激烈地反抗了15分钟。

这并不是玛齐全部的攻击表现。每天，只要她的计划受到打扰，她就会对着教师和其他孩子发脾气。为了达到目的，她会用尽办法。如果有人对她表现出兴趣，她会马上利用这一点。每天，为了得到想要的，她会推、撞甚至大喊大叫。看到她为了达到目的有这么高的攻击频率，罗宾认为这个孩子已经建立了根深蒂固的工具性攻击行为模式。玛齐认为让自己觉得环境安全的唯一方式就是控制它。

每当玛齐脾气大爆发并危及他人和她自己时，罗宾都会对她进行被动熊抱。每当使用这种镇静方法时，玛齐都会反抗，但最终她会镇定下来，然后两个人坐在一起，也许会读书。罗宾竭尽全力让玛齐知道为什么她在冲突前后要使用安静的谈话这种技术。玛齐是个很令人棘手的孩子，罗宾身上的伤也证明了这一点，但她和工作人员都致力于陪伴着这个孩子。

罗宾遵循着托育中心的政策来记录冲突。一旦她意识到玛齐的极端攻击性行为仍在继续，罗宾和她的团队便与玛齐的父母召开个别化引导计划会议。罗宾正确地断定该家庭会希望合作制定策略来帮玛齐留下来，因为环境条件会影响她对计划的参与。

在会上，罗宾首先积极评价了玛齐在小组中的表现，然后她向玛齐的父母介绍了玛齐的行为模式，并解释说她的工作就是帮助玛齐更轻松地与她相处。罗宾还说明了工作人员如何有意识地与玛齐建立积极正面的关系。她解释了她们在学校如何使用积极的引导，并鼓励玛齐的父母在家中尝试类似的方法。玛齐的父母同意了这项措施，成人们形成了一个他们都满意的计划。罗宾很高兴并且相信玛齐的父母会愿意和她配合。

为了让个别化引导计划在学习环境中可操作，罗宾、晚班教师乔伊斯（Joyce）以及两名助教一起与中心主管艾丽斯（Iris）会面。每位员工每天都会与玛齐有一对一的高质量陪伴时间，以建立信任关系。尽管罗宾一直与玛齐相处得不错，但她还要带领大家一起努力。当玛齐遇到困难的时候，两位助教中会有一位来保护玛齐，帮助她避免和逐渐减少冲突。罗宾和玛齐的父母一直认为，如果玛齐一天内发生 3 次冲突，罗宾和玛齐就应给玛齐的父亲打电话。拨打电话时，玛齐似乎很沮丧，甚至比罗宾预期的还要严重。罗宾不想增加玛齐的压力，因此她尽量少打电话，集中注意力利用她们之间的关系教玛齐一些替代性行为。

每天，在不发生冲突时，罗宾和助教会提出跟玛齐进行接触性对话。这些对话让玛齐知道大人是关心她的，中心是一个学习如何交朋友并与他人相处的地方。他们积极引导玛齐学习如何与其他孩子一起玩以及如何索要她想要的东西。跟玛齐的引导性对话几乎每天都与接触性对话一样多，进行引导性谈话时工作人员会很友好，但是依然要有坚定的界限。调解冲突的时候，罗宾和乔伊斯经常会用胳膊环绕玛齐的肩膀，让她远离别的孩子。在调解前，他们会给玛齐时间并协助她平静下来。她们提出让玛齐听听另外一个孩子是如何描述冲突的。她们想用别的孩子的话来教会玛齐跟同伴相处的时候要怎么说和怎么做。

一年的时间流逝，罗宾看到该计划似乎正在奏效。玛齐的冲突行为较少，在积极表达自己的需求方面取得了进步。在跟进会议中，她的父母对她取得显著进步表示感谢，说他们在家中会一对一地高质量陪伴孩子。随着玛齐能更好地管理自己的攻击行为，她在一些活动中成为孩子们的领导者，而这些并没有让罗宾感到惊讶。这个孩子仍然有需要改善的地方。

以下介绍了罗宾和主管艾丽斯领导的教学团队以及玛齐的母亲西尔维娅（Sylvia）如何使用七步法对玛齐实施全面引导计划。

1．观察并记录错误的行为模式。玛齐刚进入托育中心时，罗宾和乔伊斯不错过她引发的每一次冲突。她们观察玛齐引发的冲突并记录在中心的逸事观察表上，同时将其提交给主管艾丽斯。三个人讨论观察记录，这帮助罗宾意识到她们已经发现了工具性攻击的行为模式。她们觉得需要再观察一些时间，在玛齐没有表现出问题行为的时间里，她基本上是独自游戏或者跟别人玩，而且这时别人的玩法也是她喜欢的。

罗宾观察到，其他孩子通常由于担心遭到报复而屈服于玛齐的要求。罗宾提出了这一点后，其他教师也深有同感。罗宾在日记中写道："要在她附近准备调解矛盾，从而保证别的孩子有安全快乐的环境，这是每天的挑战。我发现别的孩子开始提防她并且跟她保持距离。"

2．建立关系。工作人员对玛齐也逐渐形成了不一样的态度，有些人发现自己并不想跟玛齐进行接触谈话。罗宾鼓励他们进行会谈。这个孩子的工具性攻击是基本需求得不到安全满足的症状（例如与成年人建立牢固关系的需求），这导致玛齐感受到压力并通过工具性攻击表现出来。罗宾认为，在年初召开的一次个别化引导计划会议将刺激（或至少推动）教师每天与玛齐进行一对一的交流。

至于玛齐的父母，罗宾知道当孩子被第一个机构开除后，他们有些绝望。这家人在女儿埃玛进入罗宾所在的托育中心时就认识了艾丽斯和其他一些工作人员。工作人员知道如果他们的教养风格跟计划相去甚远并且不一致，他们就会真诚地表达出来。尽管没有与罗宾交流，但是玛齐的父母其实很想知道玛齐适应环境的情况。罗宾也希望玛齐的父母能够来参加会议，并且一起制订个别化引导计划。

3. 使用一致的引导干预技术。刚开始时，四位（两次轮班）与玛齐小组一起工作的员工在使用哪种方法上意见不一致。由于时间限制，人员配备有困难，他们讨论了玛齐的情况，但是主要的事情仍没落实。罗宾和主管艾丽斯意识到了这一点。她们同意将个别化引导计划正式化，这样工作人员以及玛齐的父母就可以坐下来一起讨论、制订计划并互相协调。

4. 获取其他信息。罗宾利用她与主管艾丽斯的良好专业关系讨论了玛齐的情况。罗宾因玛齐缺乏关心他人的感情而深感困扰。一些孩子需要短时间的强化训练才能建立对他人的同理心，而这在别人身上是很自然的事情。部分原因在于他们大脑的神经结构——大脑的构成和运作（Weber et al., 2008）。

罗宾认为玛齐生活中经受的创伤破坏了她基本的信任感，导致她将世界看成是对抗性的并做出反应。玛齐显然在以前的机构中有负面的经历——第一年是被欺负者，第二年是被忽略者。罗宾评论说："不管当前的'失败'对她将来造成什么影响，我相信玛齐都不会忘记她当初为什么离开儿童保育计划。此外，总是被别人认为是可爱的孩子的乖巧姐姐埃玛激怒了她。"现在进入新的保育计划，玛齐显然认为新计划的内容具有威胁性。

5. 召开个别化引导计划会议。个别化引导计划会议这天，玛齐的父母到得很早。在见面问候和赞美玛齐的行为后，工作人员和玛齐的父母开始讨论他们要面对的孩子的行为问题。他们介绍了问题行为的概念，并解释说玛齐现在表现出的是第三级错误行为。

会上罗宾介绍并讨论了他们将使用的引导技术：接触谈话、预防措施、镇静技术、引导性谈话和高水平冲突调解。两位助教会调整她们日程表中有重叠的部分，以便玛齐要发脾气时能有人保护她。罗宾会跟艾丽斯保持密切联系，艾丽斯会让所有的流动工作人员了解这一情况。一天里大部分时间的冲突干预都是以罗宾为主，罗宾不在的时候乔伊斯会接上，这将为玛齐遇到困难的时候提供尽可能多的连续性帮助。

关于家庭，该小组同意，如果玛齐在一天中发生3次强烈冲突，则尝试给其父母打电话。其父亲的想法是教师应该给他打电话。罗宾建议，除了每天晚上的睡前阅读（这也是接触谈话的机会）外，家人要每天定期跟玛齐进行专门的接触谈话（高质量的一对一谈话）。

艾丽斯非常重视父母每周定期与孩子外出娱乐活动（亲子约会），这是罗宾提出的建议。尽管玛齐的父母都有工作，但是他们表示会尝试。罗宾和玛齐的妈妈西尔维娅又安排了一个时间，一起讨论了玛齐在家里和学校里发生冲突时使用的协调引导技术。（罗宾想鼓励西尔维娅尝试这些技术，而不是老让玛齐在房间里关禁闭。）家人很感激罗宾和工作人员们对玛齐的付出，他们也表示会尽自己所能做得更好。

这个由员工和玛齐的父母组成的团队确定三周内再找一天召开下一次会议。

6. 实施引导计划。罗宾认为，现在工作人员正在通过建立关系和持续干预冲突的方式对玛齐进行协调一致的干预。每位员工每天都与玛齐进行接触谈话。除了与冲突相关的引导性谈话外，她们还设法给玛齐一些比较自由的建议，比如做什么或不做什么才能让别人想跟自己玩。两位助教在玛齐发脾气需要保护时也会向她提出坚定又友好的要求。

罗宾会见了西尔维娅。她们谈到了员工正在使用的引导干预措施。她们还讨论了为什么玛齐可能会因必须给父亲打电话而烦恼。西尔维娅表示，玛齐父亲的一贯做法就是无视玛齐的问题行为，直到他自己忍无可忍，然后对她大吼并把她赶回房间。罗宾表示，现在玛齐的情况正变得越来越好，而且打电话也不是必需的。

7. 审查引导计划。从工作人员的逸事记录表中可以看出，玛齐发脾气的频率从前两周的每天 3 次减少为第二次个别化引导计划会议时的每周 3 次。而且，鼓舞人心的是，现在更多的是言语冲突，身体冲突减少了。发生冲突的时候，玛齐仍然要努力使用不伤害他人的话，这一点要求对很多孩子和一些大人（比如玛齐的父亲）一样。工作人员得出的结论是，尽管玛齐在物权、地权和特权等问题上仍旧会大发脾气，但她在 DLS1 和 DLS2 方面取得了进步。她在小组中的地位也不成问题，该中心不会让孩子离开。玛齐和一些老师建立了密切的关系。她在托育中心感觉更自然、更舒服了，也不再像刚开始那样把自己的意志强加给别人。

所有这些都在 10 月中旬的第二次个别化引导计划会议上进行了讨论。玛齐的父母报告说，他们在家中采取的措施也有了效果。（西尔维娅后来还与罗宾分享，玛齐的父亲现在吼叫少了，和女儿在一起有了更多的事情可以做。）距离玛齐上学前班还有一年半的时候，工作人员也越来越多地看到玛齐的勇气、领导能力和毅力。教师们坚信，这段时间他们辛苦的引导工作在玛齐未来的行为中会得到体现。

关于综合引导的几点说明

以上两个案例研究说明了如何使用“个别化引导计划”和会议进行综合引导。能够提出并遵循这些有时很复杂的过程的教师是在实践释放教学的专业引导人员。他们没有放弃那些有需要的孩子。在以下说明中，我提出了使用综合引导的其他一些注意事项，希望这些建议对你有用。

反应性攻击和工具性攻击

长期压力会导致反应性攻击和工具性攻击。最直接的形式是反应性攻击，在爱德华多的案例中，他就是以反应性攻击为主。反应性攻击是儿童感知到威胁时的一种反射性的、由大脑驱动的战斗反应，这时儿童感知到的威胁可能是真实的，也可能是想象的。例如，如果一个孩子与爱德华多坐得太近，他会用手和脚挡住这个孩子。他的这种心态就容易让别人发生反应性攻击。孩子们坐得太近是起因。科拉的努力方向就是与爱德华多建立信任的关系，帮助他管理压力，引导他不要把所有情况都看成是危险的。因此，随着时间的推移，爱德华多发现反应性攻击不是很有必要，当他表现出反应性攻击时，也较少带来伤害。

工具性攻击是一种习得的反应，已成为儿童的应对策略。工具性攻击的故意性质对教师来说特别有挑战性。内心很公正的幼儿园教师可能很难忍受像玛齐这样对他人造成不公正的伤害，这是可以理解的。毕竟“她是故意的”。在其教师职业生涯中，罗宾至今想不到一个孩子有比玛齐更强的攻击性。工作中碰到像玛齐这样的孩子，教师可能会为了轻松一点儿恨不得放下日程表去请几天假，或者为了让她成为一个好孩子而严厉地批评和羞辱她，显然这是一种无效且不道德的做法。正如玛齐和她的家人所经历的那样，当教育机构没有耐心和想法时，最终的惩罚往往是开除。教师面临的挑战是，幼儿如果不学会替代工具性攻击的策略，他们可能会遭受长期的情绪和社会问题（Kaiser & Sklar Rasminksy，2016）。罗宾并不是忽略玛齐在神经生理方面的因素。她利用了可以调动的所有资源，致力于以协作的方式为这个孩子提供真正的释放教学。她的目标是塑造和教授玛齐的同理心。

攻击的对立面

心理学家曾跟我解释说，对于孩子来说，冷漠和逃避的求生性反应与应激性攻击和工具性攻击反应一样严重。我认为这句话是正确的，尤其是在K—12 机构中班额非常大的情况下。在班额大于 20 人的班级中，一些孩子就会做出冷漠和轻度逃避的反应，让自己成为隐形学生。在极端情况下，这些孩子会孤立自己，让自己处于不起眼的状态，不做任何引人注意的事情。这些孩子害怕教师给其任何关注或期望他们完成某些任务。一个来自一位母亲的发人深省的例子说明了这种隐形儿童综合征，她在一次家长会之后向我表达了孩子的挫败感。在家长会上，教师没有提及甚至没有意识到她的孩子已经因为患严重流感而错过第三学年两个星期的课了。

变得隐形是一些孩子应对压力的一种方式。在这些孩子幼小的时候就与他们建立支持性的关系很重要，会有助于他们获得 DLS1 和 DLS2 并在未来的生活中开花结果——不管开的是紫罗兰还是牡丹。（当孩子们能够在 DLS3、DLS4 和 DLS5 水平工作时，个体差异确实会很明显，这对于早期学习共同体来说也是很大的鼓舞。）

成人不需要学位就可以与十分安静的孩子建立帮助关系。它肯定有助于减少这部分孩子的数量。在许多州，成人—儿童托管的比例通常使这种关系在学龄前环境中比在小学里容易建立。家庭托儿所不能接收很多的孩子，但他们可以跟孩子建立积极正面的关系，这非常重要。当团队的人数（以及教师的压力水平）在可管理的范围时，引导实践也会容易很多。因此，我认为要杜绝超班额的现象。

与外部专业人员合作

有些孩子有心理弹性，但是另一些孩子在面对创伤时会深受伤害（Cairone，2016）。对于大多数儿童来说，慢性压力会削弱社交反应能力，同时会加剧战斗或逃避反应。这些情况使孩子容易遭受压力消除周期的影响（Gunnar，Herrera & Hostinar，2009）。吉列姆和沙哈（Gilliam & Shahar，2006）指出，在全美范围内，所有学龄前儿童（3—5 岁的儿童）中约有 8% 表现出严重的行为问题，需要进行精神病学诊断。其他研究表明，这一数字要大得多，尤其是在贫困社区（Cairone，2016）。

作为全面引导的一部分，在家庭允许的情况下，可以请外部专业人员为孩子和家庭进行评估和特殊服务。外部专业人员也可以为员工提供信息、咨询和支持。在爱德华多的案例中，来自学区的训练有素的教师对孩子进行了特殊需求筛查，并建议进行随访评估。（在所有州，联邦法律都要求学区对 3 岁及以上的儿童进行筛查和评估。）

其他诊所和治疗中心（包括“开端计划”）也进行评估，并通常可以提供比儿童保育计划更全面的服务。早期教育专业人员非常了解社区机构中的工作人员，他们和幼儿家庭可以与这些人联系并进行合作。不管是亲自联系还是通过报告，外部专家通常都是后续个别化引导计划会议的有效资源。

同样，家庭成员如果已达到第二层次的参与度，也可以在养育和教育计划之外聘请专业人员。当父母已经达到第二层次后，他们通常会接受推荐的育儿课程、针对子女的特殊计划、家庭和儿童咨询以及营养、住房、教育和就业需求方面的支持服务。随着专业人员和家庭成员之间有越来越多的信任，许多有益的家庭服务成为可能。当教师知道并可以向社区支持服务的专业人员进行推荐时，他们也进一步扩展了为家长服务的可能性。

对困难的考虑

当一个孩子对他人造成明显伤害时，尤其是持续不断地伤害他人时，教师将面临困难的考虑，而这些考虑可能会超出常规的个别化引导计划流程。

是否需要给孩子们开个团队会议，以帮助他们了解引起冲突的行为，以及团队成员在必要时可以采取的行动，这是第一个考虑因素。例如在第五章中有一个会议，专业人员教团队中的孩子保护自己以免被咬伤。在团队会议中要特别注意保护冲突中孩子的尊严。

第二个考虑因素是，是否应与团队中其他孩子的家庭成员见面，其中一些孩子可能是第三级错误行为的对象。如果机构发现家长已经开始谈论冲突，那就很有必要召开这样的会议。在尊重个别儿童和家庭的隐私的同时，教师会见家长，帮助他们了解该计划的引导政策以及员工为确保安全所采取的步骤。这些会议需要进行对话（工作人员与父母交谈而不是告知父母），以便家庭成员表达他们的关切并加深了解。一位父亲回忆起自己早年也表现出攻击性行为时，态度就变得柔和了。此类会议所面临的挑战就是教师和孩子家庭之间的关系，这也就是为什么从孩子一开始进入机构就要跟他的家庭建立良好关系。

与引发冲突的孩子的家庭见面尤其困难。应该提前告知家庭成员要开会，也可以在个别化引导计划会议的解决方案部分提出。要再三向家长保证会保护他们的隐私，通常来说他们也可以选择是否参会。主班教师需要解释一下，正如工作人员在计划中想让这个家庭的孩子所说的那样，工作人员也同样需要让其他家长知道他们的孩子在这里是安全的，这样其他的孩子才会留下来。与其他家长见面从来都不是一件有趣的事，这个会议也不是自然而然要开的，但在某些情况下它会被证明是有必要的。

第三个考虑因素是，教师有时候会发现某个孩子的求生性行为如此根深蒂固，以至于机构无法提供他需要的资源。释放教学意味着永远不放弃任何一个孩子，但是有时候这种承诺意味着应该让孩子去另一个拥有更多资源的环境。采用引导策略的专业人员只有在全力以赴地综合引导并完成个别化引导计划的所有步骤后，才能考虑此结论。帮助家庭找到条件更好的机构很重要。轻松的过渡过程能让幼儿父母感受到工作人员自始至终都是跟他们站在一起的。仅凭这种理解，就足以让一个家庭安抚他们正经受挑战的孩子，使其免于陷入压力消除周期。

即使使用个别化引导计划，全面引导最后也很少出现故事书中的完美结局。在干预过程中，早期教育专业工作者通常看到的是进步而非转变。即使结果不尽如人意，教师也能从中得到以下收获：他们对孩子的恐惧感减少了，更理解孩子；他们对机构中其他孩子的担心减少了，比刚开始的时候更有能力处理冲突；他们不再总是担心幼儿家庭对工作人员的反应，与孩子的家庭有了更密切的联系——大家在同一个团队里要相互接纳。也许最重要的是，教师对孩子的美好未来更有信心了。

沃尔特·吉列姆（Walter Gilliam）在2005年和2006年的研究中，发现了与表现出反复严重冲突的儿童一起工作时的系统性问题。早期儿童保育和教育机构需要心理健康和行为干预专家的积极协助。一些州已经在努力开发这种资源，而“开端计划”已经在国家层面上做到了。尽管如此，除了在一些特殊的社区情况（如爱德华多的案例）中，对精神卫生专业人员的教育援助（包括学前机构中为儿童提供的学区服务）的需要成为全国的头等大事。

从生存能力到心理弹性

释放教学不会放弃任何孩子。这意味着要走出自己的舒适区，去了解孩子和孩子的家人，与之建立积极正面的关系，并教会孩子具备弹性能力——管理自己的压力，教会孩子与他人建立关系并以非伤害性的方式表达情绪。如果在详尽尝试全面引导后，孩子在DLS1和DLS2方面仍未取得进展，则早期教育专业工作者会与孩子的家人一起为孩子寻找拥有更多引导资源的环境。这样的转介标志着开除与努力为孩子找到更有效安置之间的区别。只有当孩子通过转介离开了机构，早期教育专业人员才能放手，因为他们知道自己已经做了所有可以做的事情。

毫无疑问，在这个社会中，早期教育专业人员的薪酬较低，其价值也被低估。我认为，扎根一线、实践引导并与幼儿家庭紧密合作的早期教育专业人员，就像我们身边的天使。他们让每天苦于帮助孩子从生存水平向复原水平努力的教师得以解放。为了孩子的终身成长，他们每天都在改变孩子的生活。通过他们的努力，我们的社会可以并且必将进入下一个世纪。

希望本书对你来说是可读的、有意义的和实用的。我来自明尼苏达州，就用伟大的美国人加里森·基勒（Garrison Keillor）的话结尾吧：“为孩子做的一切都不会浪费。”

讨论问题

1. 在与表现出第三级错误行为的幼儿建立关系时，你认为面临的主要挑战是什么？讨论应对这些挑战的策略。
2. 在你看来，与孩子的家人建立关系的主要挑战是什么？讨论应对这些挑战的策略。
3. 在你看来，与同事建立关系的主要挑战是什么？讨论应对这些挑战的策略。
4. 完成释放教学是大多数成长中的专业人员所追求的。讨论一些你可以采取的步骤，这些将会有助于你在工作中使用释放教学。

核心概念

核心概念的定义见本书第205—213页的术语表。

- 缓冲（buffering）
- 儿童创伤后应激障碍（childhood post-traumatic stress syndrome）
- 综合引导（comprehensive guidance）
- 心理弹性 / 具有弹性（resiliency/being resilient）

附录1　术语表

反偏见教育（anti-bias education）：一种以尊重和拥抱差异应对偏见和不公平行为教育价值观的儿童早期教育原则和方法（Teaching for Change，2016）。

依恋理论（attachment theory）：解释在儿童出生后的最初几年里成人和儿童的关系如何影响儿童的心理发展。

真实性评估（authentic assessment）：一种持续地运用儿童每日生活中的行为案例来评估儿童发展和进步的实践方法。

缓冲（buffering）：建立并保持一种令人鼓舞的关怀关系，帮助正在承受毒性压力的儿童在教育环境中体验个人价值和归属感，且愿意为改善自己的行为而努力。

首要原则（cardinal principle）：海姆·吉诺特的引导原则认为，焦虑的教师会过度关注环境，而忽略了其中儿童存在的价值和尊严。

儿童创伤后应激障碍（childhood post-traumatic stress syndrome）：由于经历生存创伤而导致儿童产生毒性压力的行为。

合作（collaboration）：两个或两个以上的成年人共同努力完成任务比单独行动更容易实现目标和解决问题。

赞美三明治（compliment sandwich）：一种沟通技术，旨在通过将引导者的关注点放在两个（最好是三个）赞美之间，例如儿童的进步、优势和（或）成就。

综合引导（comprehensive guidance）：整合各种引导策略，包括与儿童的家人、其他工作人员以及专业人士合作，共同帮助儿童建立信任关系，缓解毒性压力，并学习表达强烈情感且不伤害他人的方法，获得 DLS1 和 DLS2 层级的技能，并在 DLS3、DLS4 和 DLS5 层级取得进展。

冲突管理（conflict management）：我们想让儿童也许是全人类学习的解决社会性问题的技能，即如何使用不伤人的话防止和降低冲突的危害。

冲突调解（conflict mediation）：一种第三方使用的方法（通常是成人，但不绝对），即帮助陷入冲突中的儿童学会用不伤害他人的方式将危害降至最低。

冲突（conflicts）：体现在人与人之间的意见不一致，是人类日常生活的一部分。

接触谈话（contact talk）：一种高质量的对话，使各方可以对彼此了解更多，建立信任关系。与只是为了完成任务的“任务谈话”有所区别。

冷静时间（cooling-down time）：给儿童提供时间和空间，帮助其平复心情，然后与其讨论如何解决冲突。

文化能力（cultural competence）：对于与自己的身体、种族、文化、宗教和（或）语言方面有差异的人具有认知和社会性的（合乎道德的和明智的）回应能力，能够适应日常生活中的社会和文化差异。

描述、表达、引导（describe，express，direct）：对儿童行为进行干预时采取三步策略：描述所看到的内容，表达感受，引导儿童的行为。海姆·吉诺特提出的这种广为流行的方法旨在帮助成人解决问题，而不是直接批评陷入冲突中的儿童。

发展适宜性教育实践（developmentally appropriate practice）：课程和教育实践应当关注群体中每个儿童的发展水平、学习模式和文化背景。

双语学习者（dual-language learners）：正在学习第二种语言的学习者，既包括母语是除英语之外的另一种语言的儿童，也包括那些母语是英语，但正在学习另一种语言的儿童。

教育性会议（educational meetings）：由教师和儿童共同参与，制定或修改、回顾学习活动和课程计划的会议。

鼓励型学习共同体（encouraging learning community）：一个适合每个儿童成长的环境，每个儿童都能在学习过程中获得归属感和自信心。

执行功能（executive functions）：以大脑皮质的额叶为基础的一种协调功能，使人能够运用记忆力、推理能力和毅力去处理任务与挑战。执行功能从三岁开始，一直发展到成年，会受到不可控压力的破坏。

试验性错误行为（experimentation mistaken behavior）（第一级）：冲突表明个人的安全需求没有得到满足，也可能由于儿童在面对较为开放的环境时出现了错误判断。

家庭式团队（family groups）：在早期教育中，由混合年龄的儿童组成的较为稳定的团队。有主要照料者，大家一起做饭、休息、开展阅读故事等具体活动。

五项民主生活技能（five democratic life skills）：个体心理和社会性方面的引导目标与健康指标。前两个生存性技能主要包含对他人的接纳和如何用不伤害他人的方式表达个人的强烈情绪。后三项生长性技能指向创造性地解决问题——独自或与他人合作，接受他人的独特之处以及明智地、合乎道德地做出决定。

冲突调解的五指法（five-finger formula for conflict mediation）：

大拇指：让所有处在冲突中的人冷静下来。

食指：让每个儿童就如何看待冲突达成共识。

中指：通过头脑风暴想出解决冲突的可能方案。

无名指：所有儿童同意并实施解决方案。

小指：成人监督并鼓励儿童为解决冲突所做出的努力，并分别与一个或多个儿童单独交谈以强化引导过程。

友善的幽默（friendly humor）：个人之间分享的幽默，轻松诠释日常生活体验以维系个人之间的关系。

团队准则（group guidelines）：儿童和教师共同制定引导团队会议的准则，以及教师要提醒自己促进和领导团队会议的个人准则。

团队会议（group meetings）：儿童中心、家庭育儿项目、早期“开端计划”和其他儿童早期教育项目组织召开的会议，旨在建设和保持具有包容性和合作性的鼓励型学习共同体。

引导（guidance）：在情绪和社会性领域进行发展适宜性教学实践；使用专业领导力来引导学习共同体内的所有儿童，以促进其健康的情绪和社会性的发展。

引导性谈话（guidance talk）：成年人与儿童在解决冲突的过程中所进行的对话，会遵循“五指法”的步骤，教会儿童缓解压力，在下一次行动中如何用不伤害他人的替代行为解决问题。

高水平调解（high-level mediation）：教师直接使用“五指法”让儿童冷静，运用严格但友好的方式，积极引导那些需要教师协助来解决冲突的儿童。

我—信息（I-messages）：教师有选择地使用技巧来表达强烈的情绪，与贬低儿童的“你—信息”（you-messages）相反，这是一种相对没有伤害的方式。

工具性攻击（instrumental aggression）：儿童在杏仁核驱动之下使用的错误策略，是为了保障个人安全而有意选择的策略。

三级水平日（level three day）：一个糟糕的、不好的日子，非常糟糕的一天，成人、儿童或者任何人偶尔都会遇到。

家庭参与层次（levels of family engagement）：早期教育共同体中家庭的

参与程度。

第一层次：接受教育项目提供的信息；

第二层次：积极参与孩子的教育；

第三层次：积极参与教育项目；

第四层次：提升个人专业发展水平。

对所有早期教育项目的建议目标是让所有父母至少达到第二层次。

释放教学（liberation teaching）：一种以不放弃每个儿童为目的的有意引导。这种最高级别的引导尤其适用于那些表现出第三级错误行为并且遭到团队拒绝和言语伤害的儿童，它要求成人具有一定的领导力。

低水平调解（low-level mediation）：教师使用“五指法”作为促进者而不是教练出现，通过教师的提示和口头支持，儿童拥有了在冲突调解过程中的主动权。

掌控学习（mastery learning）：当幼儿被授权运用掌控（内在）动机时，他们会全身心地投入有趣的材料和活动。如果这种参与使儿童有充分和广泛的经历，也许随着时间的流逝，其结果就是掌控学习。

掌控动机（mastery motivation）：每个人学习和成长的自然内在动机。只有当儿童没有感知到来自学习环境中的威胁和压力时，才能表现出掌控动机。

熔炉理论（Melting Pot theory）：人们普遍认为学校的作用是社会化，移民和少数族裔儿童会接受美国的思想和价值观。在过去，教育政策制定者严格遵守熔炉理论，这有损于少数族裔家庭的身份定位。根据这项政策，儿童经常为游走于家庭和学校的文化影响之间而感到困惑。

错误行为（mistaken behavior）：儿童引起或陷入的冲突，导致潜在或实际的伤害以及严重的破坏；或者由于判断失误而导致的冲突升级至严重伤害他人的地步。

开放式会议（open-ended meetings）：由教师主持的团队会议，公开讨论假设或现实情况中影响鼓励型学习共同体的诸多因素，基于儿童的水平，谈话本质上有时可达到哲学层面。

被动熊抱（passive bear hug）：帮助儿童冷静的策略。当一个儿童的情绪完全失去控制，有可能直接伤害自己或危害他人时，教师先坐下抱住儿童，让儿童背对自己，头偏向一侧。教师唱歌、窃窃私语或保持安静，直到儿童意识到教师正在帮助他控制情绪，随后冷静下来。被动熊抱仅在州和项目计划的书面政策允许范围内使用。

同伴协商（peer negotiation）：参与冲突的两个或几个儿童能够自行使用策略和平地解决冲突，有证据表明儿童通过学习和使用策略，实现了冲突管理的关键性引导目标。

观点采择（perspective taking）：同情他人，理解他人的观点和感受，解决共同的社会性问题。

沉默的力量（power of silence）：权威人士即使什么都不说，什么都不做，也会对他人产生压迫力量，导致其出于害怕做错事或说错话而没有使用释放教学。

特权冲突（privilege conflict）：关于谁能获得明显特权的争论。

积极正面的关系（proactive positive relationships）：运用专业的领导才能，在儿童进入学习环境的第一天，与其建立和维持牢固的依恋关系。

问题解决会议（problem-solving meetings）：教师召开的团队会议，民主地讨论并解决影响鼓励型学习共同体建立的公共问题。

物权冲突（property conflict）：基于物权问题而引发的冲突。

应激性攻击（reactive aggression）：当儿童感受到真实或想象中的威胁时，冲动地攻击对方；一种基于求生性行为的应激性攻击行为，对于照顾成年人来说最具挑战性。

互惠关系（reciprocal relationships）：早期教育专业人员与儿童家庭成员建立合作关系，使得每个合作者都感受到被赋予力量，为了儿童的利益而共同努力。

和解（reconciliation）：化解冲突最重要的方法，使儿童和教师共同受益于五项民主生活技能。

回应性倾听（reflective listening）：在与儿童沟通时，采用言语和非言语的支持性认可。当儿童感觉一件事很重要时，通过倾听表达教师对儿童的关心。

心理弹性 / 具有弹性（resiliency/being resilient）：过去处境不利的儿童体验到个人价值和归属感，能够用不伤害他人的方式表达自己强烈的情感，并能够创造性、合作性地应对新的环境和冲突。说明儿童已经在成人的帮助之下获得 DLS1 和 DLS2 水平的技能，并且正在努力学习 DLS3、DLS4 和 DLS5 水平的行为。

鹰架（scaffolding）：一个人运用观点采择的方法灵活地帮助另一个人，以一种个人无法实现的方式来增加知识和提升理解能力的互动模式。

安全型依恋（secure attachments）：儿童与早期看护者之间的持久关系，它能够满足儿童对安全、爱和归属感的需求，且能促进儿童社会性情感的健康发展。

自我移动（self-removal）：引导儿童管理强烈情绪的阶段性目标。儿童没有沉迷于冲突中，而是远离冲突场景。

自我报告（self-report）：基于个人的角度而不是通过笼统的判断所进行的诚实沟通。儿童视角："你压着我的手臂，我不舒服。停下来！"成人视角："看到你们打架的场景，我很烦躁。请坐在这两把椅子上，我们一起冷静一下！"

有意义学习（significant learning）：在特定的时间之后的很长一段时间

里，儿童仍会学习、体验类似的经验。有意义学习意味着原始学习经验在情绪维度是积极的，促使儿童朝着与以往经验相同的方向发展，而不是远离学习经验。

社会性错误行为（socially influenced mistaken behavior）（第二级）：错误行为的程度表明个体已获得部分安全需求的满足，并且在与更强大的人相处过程中寻求安全感，在冲突情境中学习如何与他人共处。

故事图片（story pictures）：成人鼓励儿童看图说话。故事图片是创造性艺术课程的一部分，该课程能够使儿童的自我表达能力不断提高，从儿童早期传统的前图式表现形式转变为创造性的表现形式。

压力—对抗循环（stress-rejection cycle）：不幸的是，这是一个长期的社会心理周期，太多儿童正在遭受毒性压力。当年幼的儿童感到毒性压力的存在时，这种循环就会发展，儿童就会表现出攻击性行为。这是一种减轻压力的错误行为，由于冲突而遭受负面的关注、惩罚和拒绝；并由于惩罚和拒绝而感到愤怒、羞耻和卑鄙，这进一步增加了毒性压力并强化了错误行为方式。

求生性（强烈需求未得到满足导致的）错误行为［survival（strong unmet needs）mistaken behavior］：冲突期间的错误行为水平，表明该人对安全感和归属感的需求未得到满足。未满足的需求会导致毒性压力的产生，他试图通过错误的求生性行为来缓解，这种行为往往是严重且反复的。

教师（teacher）：在儿童学习和看护环境中承担责任的成年人。这个宽泛的定义特别适合本书所提到的人，包括家庭看护工作者和早期教育机构托育工作者，其中一些可能是儿童早年的小学教师。

教学团队（teaching team）：早期教育项目中不同的人员，以及具有不同背景、资历和经验水平的员工作为一个团队一起工作。主班教师与其他成年人（助理教师、家长志愿者、实习教师）建立相互欣赏的关系，旨在为班级中的每个儿童谋福利。

地权冲突（territory conflict）： 关于空间占用的冲突。

三个层级的错误行为（three levels of mistaken behavior）： 与儿童心理健康状态密切相关，其中不仅包括那些无意识的行为，还包括一些有目的的行为。

毒性压力（toxic stress）： 由于环境和（或）生理挑战而产生的压力，压力程度大到个人无法承受，年幼的儿童对毒性压力特别敏感。

附录 2　个别化引导计划清单[1]

儿童姓名：________　　年龄 / 月龄：________　　初始记录时间：________

（年 / 月）

1. 行为记录

观察到的行为：　　　　　　　　　　　　关于行为的思考：

________________________________　　________________________________

________________________________　　________________________________

________________________________　　________________________________

2. 附加信息

检核工作流程，并详细描述所获取的信息：

□与儿童讨论　日期：______　□与其他工作人员讨论　日期：________

□与家长讨论　日期：______　□与其他专业人士讨论　日期：________

小结：

____

____

____

[1] From *Guidance for Every Child: Teaching Young Children to Manage Conflict* by Dan Gartrell, EdD, © 2017. Published by Redleaf Press. This page may be reproduced for noncommercial and classroom use only. ——作者注

3. 个别化引导计划会议 日期：________

参加人员：________________________________

____

____

4. 后续的会议 / 回顾 日期：________

儿童表现出的进步：

____

____

____

仍需加强的地方：

____

____

____

计划中需要改变的地方：

____

____

____

5. 会议总结和个别化引导计划中的变化（第一次）

____

____

____

6. 会议总结和个别化引导计划中的变化（第二次）

____

____

____

7. 终期总结、退出会议（如有）及未来行动计划

____

____

____

参考文献

Ainsworth, Mary, Mary C. Blehar, Everett Waters, and Sally N. Wall. 1978. *Patterns of Attachment: A Psychological Study of the Strange Situation*. Hillsdale, N: Erlbaum.

American Council on the Teaching of Foreign Languages. 2011. *Benefits of Being Bilingual.*

Bowlby, John 1982. *Attachment and Loss, Vol.1: Attachment.* New York: Basic Books.

Buhs, Eric S., Gary W. Ladd, and Sarah L. Herald-Brown. 2010. "Victimization and Exclusion: Links to Peer Rejection, Classroom Engagement, and Achievement." In *Handbook of Bullying in Schools: An International Perspective*, edited by Shane R. Jimerson, Susan M. Swearer, and Dorothy L. Espelage. New York: Routledge.

Cairone, Karen. 2016. "Helping Teachers Take the Challenge Out of Behavior." *Exchange Magazine.* May/June: 32-37.

Cairone, Karen B, and Mary Mackrain.2012. *Promoting Resilience in Preschoolers: A Strategy Guide for Early Childhood Prfesstonals,* 2nd ed. Lewisville, NC: Kaplan.

Carlson, Frances M. 2011. *Big Body Play: Why Boisterous, Vigorous, and Very Physical Play Is Essential to Children's Development and Learning.* Washington, DC: National Association for the Education of Young Children.

Carlsson-Paige, Nancy, and Diane E. Levin. 1992. "Making Peace in Violent Times: A Constructivist Approach to Conflict Resolution." *Young Children* 48(1): 4-13.

CDF (Children's Defense Fund). 2015. *The State of America's Children: 2015.* Washington, DC: Children's Defense Fund.

Cole, Layna, and Dan Gartrell. 2014. "Guidance Matters: Guidance with Girls." *Young Children* 69 (5): 94-95.

Copple, Carol, and Sue Bredekamp. 2009. *Developmentally Appropriate Practice in Early Childhood Programs Serving Children from Birth through Age 8*, 3rd ed. Washington, DC: National Association for the Education of Young Children.

Cozolino, Louis. 2006. *The Neuroscience of Human Relationships: Attachment and the Developing Social Brain.* New York: W. W. Norton.

CPI (Crisis Prevention Institute). 2012. "Managing the Crisis Moment." Brookfield, WI: National Crisis Prevention Institute.

Crawford, Patricia A., and Vicky Zygouris-Coe. 2006. "All in the Family: Connecting Home and School with Family Literacy." *Early Childhood Education Journal* 33 (4): 261-267.

Derman-Sparks, Louise, and Julie Olsen Edwards. 2010. *Anti-Bias Education for Young Children and Ourselves.* Washington, DC: National Association for the Education of Young Children.

DeVries, Rheta, and Betty Zan. 2003. "When Children Make Rules." *Educational Leadership* 61 (1): 22-29.

Dewey, John. 1966. *Democracy and Education*. New York: Free Press.

——. 1997. *Experience and Education*. New York: Touchstone.

Dinwiddie, Sue A.1994. "The Saga of Sally, Sammy, and the Red Pen: Facilitating Children's Social Problem Solving." *Young Children* 49 (5): 13-19.

Elliott, Rebecca. 2003. "Executive Functions and Their Disorders: Imaging in Clinical Neuroscience." *British Medical Bulletin* 65(1): 49-59.

Epstein, Joyce L. 2001. *School, Family, and Community Partnerships: Preparing Educators and Improving Schools*. Boulder, CO: Westview.

Erikson, Erik H. 1963. *Childhood and Society.* New York: W. W. Norton.

Ettekal, Idean, and Gary W. Ladd. 2009. "The Stability of Aggressive Behavior toward Peers as a Predictor of Externalizing Problems from Childhood through Adolescence." In *Handbook of Agressive Behavior Research*, edited by Caitriona Quinn and Scott Tawse. Hauppauge, NY: Nova Science Publishers.

——. 2015. "Developmental Pathways from Childhood Aggression-Disruptiveness, Chronic Peer Rejection, and Deviant Friendships to Early Adolescent Rule Breaking." *Child Development* 86 (2): 614-631.

Gartrell, Dan. 2000. *What the Kids Said Today: Using Classroom Conversations to Become a Better Teacher.* St. Paul, MN: Redleaf Press.

——. 2006. "Guidance Matters: The Beauty of Class Meetings." *Young Children* 61 (5): 54-55.

——. 2006b. "Guidance Matters: The Beauty of Class Meetings." *Young Children* 61 (6): 54-55.

——. 2007. "Guidance Matters: 'You Really Worked Hard on Your Picture!' Guiding with Encouragement." *Young Children* 62 (3): 50-52.

——. 2008. "Guidance Matters: Comprehensive Guidance." *Young Children* 63 (1): 44-45.

——. 201la. "Guidance Matters: Reactive Aggression." *Young Children* 66 (1): 58-60.

——. 2011b. "Guidance Matters: Children Who Have Serious Conflicts–Part 2: Instrumental Aggression." *Young Children* 66 (4): 60-62.

——. 2011c. "Aggression, the Prequel: Preventing the Need." *Young Children* 66 (5): 62-64.

——. 2012a. "From Rules to Guidelines: Moving to the Posttive." *Young Children.* 67 (1): 56-58.

——. 2012b. *Education for a Civil Society: How Guidance with Young Children Teaches Democratic Life Skills*. Washington, DC: NAEYC.

——. 2014. *A Guidance Approach for the Encouraging Classoom*, 4th ed. Belmont, CA: Cengage/Wadsworth.

Gartrell, Dan, and Kathleen Sonsteng. 2008. "Guidance Matters: Promote Physical Actity: It's Proactive Guidance." *Young Children.* 63 (2): 51-53.

Genishi, Celia. and Anne Haas Dyson. 2009. *Children, Language, and Literacy: Diverse Learners in Diverse Times*. New York: Teachers College Press.

Gestwicki, Carol. 2015. *Home, School, and Community Relations*, 9th ed. Belmont, CA: Wadsworth/Cengage Learning.

Gilliam, Walter S. 2005. *Prekindergartners Left Behind: Expulsion Rates in State*

Prekindergarten Programs. Report. New Haven, CT: Yale University Child Study Center.

Gilliam, Walter S., and Golan Shahar. 2006. "Preschool and Child Care Expulsion and Suspension: Rates and Predictors in One State." *Infants and Young Children* 19 (3): 228-245.

Ginott, Haim G.1993. *Teacher and Child: A Book for Parents and Teachers*. New York: Scribner Paper Fiction.

Glasser, William. 1969. *Schools without Failure*. New York: Harper and Row.

Gonzalez, Norma, Luis C. Moll, and Cathy Amanti, eds. 2005. *Funds of Knowledge: Theorizing Practices in Households, Communities, and Classrooms*. Hillsdale, NJ: Erlbaum.

Gonzalez-Mena, Janet. 2006. *Diversity in Early Care and Education: Honoring Differences*. Boston: McGraw-Hill.

——. 2008. *50 Strategies for Communicating and Working with Diverse Families*. Boston: Pearson.

Goodnough, Abby. 2010. "The Examined Life, Aged 8. Philosophical Reasoning taught in the Second Grade." *New York Times*.

Greenberg, Polly. 1988. "Avolding 'Me Against You' Discipline." *Young Children* 43 (1): 24-25.

The Greta Horwitz Center. 2016. "All Feelings Are Welcome: Supporting Children's Resiliency in Stressful Times." *Exchange Magazine*. May-June: 40-43.

Gunnar, Megan R., Adriana Herrera, and Camelia E. Hostinar. 2009. "Stress and Early Brain Development." In *Encyclopedia on Early Childhood Development*, eds. Richard E. Tremblay, Michael Boivin, and Ray DeV. Peters.

Halgunseth, Linda C., Amy Peterson, Deborah R. Stark, and Shannon Moodie. 2009. *Family Engagement, Diverse Families, and Early Childhood Education Programs: An Integrated Review of the Literature*. Washington, DC: NAEYC and the Pew Charitable Trusts.

Harlow, Steven D. 1975. *Special Education: The Meeting of Differences*. Grand Forks, ND: University of North Dakota.

Harris, Teresa T, and Diane Fuqua. 2000. "What Goes Around Comes Around: Building a

Community of Learners through Circle Times." *Young Children* 55 (1): 44-47.

Hendrick, Joanne. 1992. "Where Does It All Begin? Teaching the Principles of Democracy in the Early Years." *Young Children* 47 (3): 51-53.

Hymes, James L. 1974. *Effective Home-School Relations.* Sierra Madre, CA: Southern California Association for the Education of Young Children.

Hyson, Marilou, and Heather Biggar Tomlinson. 2014. *The Early Years Matter: Education, Care, and the Well-Being of Children, Birth to 8.* New York: Teachers College Press/ Washington DC: NAEYC.

Kaiser, Barbara, and Judy Sklar Rasminsky. 2016. *Challenging Behavior in Young Children: Understanding, Preventing, and Responding Effectively,* 4th ed. Boston, MA: Pearson.

Kersey, Katharine C., and Marie L. Masterson. 2009. "Teachers Connecting with Families–In the Best Interest of Children." *Young Children* 64 (6): 34-38.

King, M. 2012. "Guidance with Boys in Early Childhood Education." In Dan Gartrell, *The Power of Guidance.* Washington, DC: NAEYC.

Kriete, Roxann, and Carol Davis. 2014. *The Morning Meeing Book,* 3rd ed. Turner's Falls, MA: Northeast Foundation for Children.

Ladd, Gary W. 2006. "Peer Rejection, Aggressive or Withdrawn Behavior, and Psychological Maladjustment from Ages 5 to 12: An Examination of Four Predictive Models." *Child Development* 77 (4): 822-846.

——. 2008. "Social Competence and Peer Relations: Significance for Young Children and Their Service Providers." *Early Childhood Services* 2 (3): 129-148.

Levin Diane E. 2003. "Beyond Banning War and Superhero Play: Meeting Children's Needs in Violent Times." *Young Children* 58 (3): 60-63.

Locke, B. 1919. "Manufacturers Indorse [*sic*] the Kindergarten." *Kindergarten Circular No.4* (July). Washington, DC: Department of the Interior, Bureau of Education.

Lubit, Roy H. 2010. "Post-Traumatic Stress Disorder in Children." Updated June 5, 2010. Medscape.

Manger, T.F. 1980. “The Melting Pot and Language Maintenance in South Slavic Immigrant Groups. In *Perspectives on American English*, ed. J.L. Dillard. The Hague, The Netherlands: Mouton.

Martin, Gerin, and Sandy Slack. 2015. *Make Room for Boys! Helping Boys Thrive in Preschool.* Ypsilanti, MI: HighScope Press.

Maslow, Abraham H. 1962. *Toward a Psychology of Being.* Princeton, NJ: Van Nostrand.

McClurg, Lois G.1998. “Building an Ethical Community in the Classroom: Community Meeting. *Young Children* 53 (2): 30-35.

NAEYC (National Association for the Education of Young Children). 2009. “Developmentally Appropriate Practice in Early Childhood Programs Serving Children from Birth through Age 8.” Position statement.

Nemeth, Karen. 2012. “Enhancing Practice with Infants and Toddlers from Diverse Language and Cultural Backgrounds.” *Young Children* 67 (4): 49-57.

Pappano, Laura. 2007. “Meeting of the Minds.” *Harvard Education Letter* 23 (4): 1-3.

PBIS (Positive Behavioral Interventions and Supports). 2016. “PBIS Home Page” Accessed 2017.

Pollack, William. 2001. *Real Boys Workbook: The Definitive Guide to Understanding and Interacting with Boys of All Ages.* New York: Villard Books.

President’s Council on Physical Fitness and Sports, National Association for Sport and Physical Education, and Kellogg Company. 2003. *Kids in Action: Fitness for Children Birth to Age Five.* Booklet.

Preuesse, Kathy. 2002. “Guidance and Discipline Strategies for Young Children: Time Out Is Out.” *Early Childhood News,* March/April 12-16.

Quiocho, Alice, and Annette M. Daoud. 2006. “Dispelling Myths about Latino Parent Participation in Schools.” *The Educational Forum* 70: 255-267.

Readdick, Christine A., and Paula L. Chapman. 2000. “Young Children’s Perceptions of Time Out.” *Journal of Research in Childhood Education* 15 (1): 81-87.

Reineke, Jane, Kathleen Sonsteng, and Dan Gartrell. 2008. "Viewpoint. Nurturing Mastery Motivation: No Need for Rewards." *Young Children* 63 (6): 89, 93-97.

Rogers, Carl R.1961. *On Becoming a Person*. Boston: Houghton Mifflin.

Sanders, Stephen W. 2002. *Active for Life: Developmentally Appropriate Movement Programs for Young Children.* Washington, DC: Human Kinetics Publishers.

Schott Foundation for Public Education. 2015. "Black Lives Matter: The Schott 50 State Report on Public Education and Black Males" in Education Week's Blogs, February 11.

Schreiber, Mary. E. 1999. "Timeouts for Toddlers: Is Our Goal Punishment or Education?" *Young Children* 54 (4): 22 -25.

Schwartz, Casey. 2011. "Why It's Smart to Be Bllingual." *Newsweek.* August 7.

Shin, Hyon B. and Robert A. Kominksi. 2010. *Language Use in the United States: 2007.* American Community Survey Reports, United States Census Bureau.

Shonkoff, Jack P. and Andrew S. Garner. 2011. "The Lifelong Effects of Early Childhood Adversity and Toxic Stress." Pediatrics 129 (1).

Snyder, Thomas D. 1993. *120 Years of American Education: A Statistical Portrait.* National Center for Education Statistics.

Souto-Manning, Mariana, and Kevin J. Swick. 2006. "Teachers' Beliefs about Parent and Family Involvement: Rethinking Our Family Involvement Paradigm." *Early Childhood Education Journal* 34 (2): 187-193.

Sperry, Rachel. 2011. *FLIP IT®: Transforming Challenging Behavior.* Lewisville, NC: Kaplan Early Learning.

Teaching for Change. 2016. "Anti-Bias Education."

US Department of Education. 2015. "US High School Graduation Rate Hits New Record High." February 12.

Vance, Emily. 2015. *Class Meetings: Young Children Solving Problems Together.* rev. ed. Washington, DC: NAEYC.

Vance, Emily, and Patricia J Weaver. 2002. *Class Meetings: Young Children Solving Problems*

Together. Washington, DC: NAEYC.

Wartenberg, Thomas. 2009. *Big Ideas for Litte Kids: Teaching Philosophy through Children's Literature.* Washington, DC: Rowman and Littlefield.

Watson, Marilyn. 2003. "Attachment Theory and Challenging Behaviors: Reconstructing the Nature of Relationships." *Young Children* 58 (4): 12-20.

Weber S, U. Habel, K. Amunts, and F. Schneider. 2008. "Structural Brain Abnormalities in Psychopaths–A Review." *Behavioral Sciences and the Law* 26 (1): 7-28.

Weber-Schwartz, Nancy. 1987. "Patience or Understanding." *Young Children* 42 (3): 52-54.

Weber-Schwartz, Nancy. 1987. "Patience or Understanding." *Young Children* 42 (3): 52-54.

Westbrook, Robert B. 1995. *John Dewey and American Education.* Ithaca, NY: Cornell University Press.

Wien, Carol Anne. 2004. "From Policing to Participation: Overturning the Rules and Creating Amiable Classrooms." *Young Children* 59 (1): 34-40.

Williford, Anne, and Kathryn J. Depaolis. 2012. "Identifying Predictors of Instrumental and Reactive Aggression among Low-Income Minority Adolescent Girls." *Journal of the Society, for Social Work and Research* 3 (3): 145-161.

York, Stacey. 2016. *Roots and Wings: Affirming Culture and Preventing Bias in Early Childhood.* 3rd ed. St. Paul, MN: Redleaf Press.